L'Islam contemporain

ALI MERAD
Professeur à La Sorbonne Nouvelle
(Université de Paris III)

Cinquième édition corrigée

32e mille

DU MÊME AUTEUR

Aux Editions du Chalet :

N'avons-nous pas le même Père ?, en collaboration avec Armand Abecassis et Daniel Pézeril, 1972, 152 p.
Charles de Foucauld au regard de l'Islam, 1975, 144 p.
Lumière sur Lumière. Pages d'Islam. Introduction à la Pensée islamique, 1978, 128 p.

Chez d'autres éditeurs :

Le Réformisme musulman en Algérie de 1925 à 1940. Essai d'histoire religieuse et sociale, Paris-La Haye, Mouton & Cie, 1967, in-8°, 472 p.
Ibn Badis, commentateur du Coran, Paris, P. Geuthner, 1971, in-4°, 267 p.
Art. « Iṣlāḥ » (Réforme, réformisme), dans Encyclopédie de l'Islam, Leiden, E. J. Brill, 1973, t. IV, p. 146-170.
Islam et Christianisme en dialogue, en collaboration avec Jean-Paul Gabus et Youakim Moubarac, Paris, Ed. du Cerf, 1982, 188 p.

ISBN 2 13 044397 4

Dépôt légal — 1re édition : 1984
5e édition corrigée : 1995, février

AVERTISSEMENT

Ce volume se propose de présenter sommairement l'Islam dans ses réalités contemporaines, à savoir une aire géopolitique, un « espace d'histoire », un champ socioculturel où s'inscrit le devenir de l'*Umma* islamique ; une communauté qui représente le quart de l'Humanité.

Les références qui attestent l'unité de la communauté islamique ne définissent pas pour autant un monde monolithique. Elles ne sauraient faire oublier les disparités d'ordre sociologique, les changeantes réalités d'une histoire où le destin de nombreux peuples musulmans s'imbrique dans celui d'autres nations ou empires. Sans oublier les clivages religieux, les antagonismes politiques tenant aux options idéologiques propres à chacune des composantes de l'*Umma*.

Ces quelques traits indiquent assez l'ampleur et les difficultés de la tâche. Il est hors de question pour nous ici de rendre compte d'une telle complexité tant au niveau de l'histoire que de la réalité sociale. Nous nous bornerons à marquer les grandes lignes d'évolution et à situer les points de repères essentiels. Cette nécessaire simplification sera parfois commandée par les similitudes qu'offrent les évolutions respectives de plusieurs pays musulmans, soumis d'abord aux mêmes tutelles étrangères, engagés ensuite dans un même processus de libération nationale, puis dans une quête du progrès social, économique et culturel identique à celle de la plupart des pays en voie de développement.

Il en va de même de la complexité des problèmes que connaît actuellement le monde musulman du fait de l'accélération des changements sociaux et de l'émergence d'idéologies politico-religieuses en rupture soit avec le conservatisme des orthodoxies traditionnelles, soit avec les audaces modernistes des régimes laïques. Devant le foisonnement des doctrines islamistes et révolutionnaires, on ne peut qu'esquisser les thèmes directeurs d'un débat aux dimensions considérables

En outre, limité par la nature même de notre documentation (essentiellement en langues arabe, anglaise et française), notre regard ne pouvait embrasser tous les horizons de la pensée islamique contemporaine. Sur l'Islam en Chine, par exemple, on ne dispose que de faibles lueurs. On ne perçoit que de lointains échos des communautés musulmanes d'extrême Asie, d'Asie centrale, d'Afrique du Sud, des Caraïbes ou d'Amérique du Sud, sans oublier les communautés auxquelles les régimes en place interdisent pratiquement toute espèce de communication avec le monde extérieur.

Que l'on veuille nous pardonner de telles lacunes ou insuffisances. Les grands ensembles masquent inévitablement les réalités les plus humbles et le plus souvent hors de portée pour l'historien. Mais ce sont les grands ensembles géopolitiques et culturels qui confèrent à la Communauté musulmane sa véritable stature historique ; et c'est à travers eux qu'aujourd'hui le monde s'interroge sur l'Islam et son message.

NB. — Dans la transcription des noms propres ou notions islamiques (Afghani, Jihâd, etc.), on s'en tient généralement à l'usage commun en langue française.

Chapitre Premier

INTRODUCTION : L'ISLAM OMNIPRÉSENT ET LOINTAIN

Le surgissement de l'Islam à tous les niveaux de la vie internationale constitue l'une des données majeures de l'histoire contemporaine. Objet d'incessantes interrogations, notamment depuis les deux dernières décennies, l'Islam fait désormais partie de l'actualité. Source d'inquiétudes pour les uns, redoutable énigme pour d'autres, il représente une sorte de défi à l'intelligence occidentale qui, durant plus d'un siècle, érudition orientaliste à l'appui, pouvait croire avoir cerné le fait islamique dans ses diverses dimensions.

Les révolutions et réactions de toutes sortes dont le monde musulman est actuellement le théâtre apportent chaque jour une remise en cause d'une certaine vision occidentale de l'Islam, fondée plus généralement sur des préjugés que sur une connaissance vraie. Tout l'arsenal d'idées reçues à propos de l' « Orient », des Arabes et du monde musulman est en train de voler en éclats. Les médias offrent à des millions d'hommes la découverte de nouveaux visages et paysages d'Islam, révélant par là même l'inanité des représentations conventionnelles. Certains s'en tiennent à leurs certitudes familières au sujet de l'Islam ; mais beaucoup cherchent à s'informer, à comprendre. Il ne s'agit plus d'une curiosité prise aux mirages de l'exotisme, mais d'un réel éveil des consciences devant l'importance du fait islamique dans le monde d'aujourd'hui.

Les mutations en cours dans le monde musulman sont encore loin d'être perçues de l'extérieur, notamment en Europe, comme une étape normale dans l'évolution de ce dernier vers de nouveaux équilibres sociaux et politiques. Du point de vue occidental, on a tendance à voir dans l'effervescence actuelle du monde islamique les signes annonciateurs de lourdes menaces pour la paix et la sécurité économique des nations concernées. On évoque des épouvantails d'un autre âge : le « péril musulman », le « Croissant contre la Croix » ; on suppute les risques d'explosions de fanatisme et de xénophobie sous l'emblème de la « guerre sainte », là où une lucide analyse autoriserait un diagnostic moins alarmiste.

Car, au-delà des turbulences qu'on ne saurait minimiser — ni dramatiser à outrance —, il s'agit essentiellement de réactions de défense devant la modernité, en tant que corollaire de l'hégémonisme politique, économique et culturel de l'Occident. D'où la véhémente contestation de la civilisation occidentale, non pour ses valeurs propres, mais pour ce qu'elle représente de symboles d'aliénation. D'où cette quête permanente de l'authenticité, qui fait appel au ressourcement dans la foi et la culture islamiques, à travers un discours de type fondamentaliste ou intégriste. D'où cette palpitante prise de conscience de peuples autrefois résignés dans leur univers d'archaïsme, et auxquels les idéologies (ou les théologies) de libération inspirent une ardente exigence de justice et de dignité. D'où l'impression d'un vaste ébranlement, qui gagne de proche en proche l'ensemble du monde islamique.

Si le phénomène revêt, à certains égards, des proportions inquiétantes, c'est en raison de l'ampleur de l'aire géopolitique et culturelle que représente le domaine de l'islamisme. Là se situe un ensemble d'environ un milliard et demi d'hommes, qui reprennent place dans l'histoire, après avoir longtemps été relégués à l'arrière-plan de la scène internationale. Emergeant à peine de l'ère coloniale (depuis les années 50 et 60) et engagés dans un processus de développement avec des ressources et des moyens techniques souvent dérisoires, nombreux sont les pays musulmans en pleine crise de croissance. Mais aussi en quête d'une identité, d'une stabilité politique, d'un équilibre socioculturel (à défaut d'un véritable consensus national), là où les disparités d'ordre ethnique et linguistique, voire les antagonismes religieux, entravent l'édification de structures institutionnelles propres à un Etat-Nation de type moderne.

Par ces remarques préliminaires, on veut simplement souligner, sinon la méconnaissance de l'Islam, du moins l'incompréhension des réalités et des mentalités de ce grand ensemble humain que forme le monde musulman. Si l'importance croissante du fait islamique requiert l'attention des observateurs et des responsables des médias, les productions journalistiques et littéraires consacrées à l'Islam peuvent déconcerter le musulman. Car si elles dénotent un regain d'intérêt pour les problèmes du monde islamique, elles situent souvent ces problèmes à un tel degré d'étrangeté qu'elles risquent de les rendre inintelligibles pour l'opinion publique. « *Comment peut-on être Persan ?* — ce mot de

Montesquieu semble avoir encore une résonance d'actualité.

A la fois omniprésent et méconnu, obsédant mais tenu à distance, l'Islam continue d'être considéré sous le signe de l'ambiguïté. On admet son monothéisme, mais on l'oppose volontiers aux autres « religions du Livre » ; on se souvient vaguement de son apport à la civilisation universelle, mais on le croit irrémédiablement frappé de stérilité scientifique et inapte à promouvoir d'authentiques valeurs ; on le catalogue définitivement comme un éternel débiteur en matière de technologies et de modèles culturels ; on se refuse à l'imaginer capable d'offrir au monde un quelconque enrichissement ou le moindre « supplément d'âme ».

Pis encore. A travers le traitement de l'information et la présentation des faits d'actualité qui s'imposent à l'opinion mondiale, il n'est pas rare de voir l'Islam associé à certaines images archaïsantes ou rébarbatives. Ces visions décevantes ne peuvent que renforcer les représentations dépréciatives portant sur les Musulmans en tant que tels. Au plan politique, les griefs ne manquent pas non plus pour stigmatiser tels régimes musulmans : les uns, jugés trop téméraires dans leur ardeur révolutionnaires ; les autres, figés dans leur conservatisme despotique et capables, tout autant que les premiers, d'engendrer de nouveaux foyers de guerre civile ou d'attiser les antagonismes entre les blocs idéologiques.

Tel apparaît aujourd'hui le tableau des rapports entre le monde occidental et le monde islamique. La dure logique des intérêts nationaux, une profonde disparité d'ordre culturel, une méfiance irrationnelle autant qu'immémoriale ne laissent qu'une

* Judaisme & Xianity not religions of the Book. (J = Torah Xt = Christ
Only Islam ties its beliefs to the book.

marge étroite pour une réelle communication entre ces deux grandes aires de civilisation. Leur interdépendance s'inscrit pourtant dans la nouvelle configuration du monde, en vertu des liens noués durant l'époque coloniale, sans parler des échanges établis, dans la paix comme dans les affrontements, autour du Bassin méditerranéen. Toutes ces données anciennes, s'ajoutant aux impératifs inhérents au nouvel ordre économique international, semblent de nature à inciter l'Occident et le monde musulman à forger ensemble une politique d'entente et de coopération dans tous les domaines.

Pour être bénéfique de part et d'autre, cette nécessaire coopération gagne à s'établir dans la connaissance — et la reconnaissance — réciproques. Des dialogues bilatéraux s'organisent de jour en jour, selon des affinités et des intérêts particuliers, en attendant que prenne corps un dialogue Nord-Sud que les crispations idéologiques rendent aujourd'hui aléatoire. Des voix autorisées préconisent un « trilogue » (euro-afro-arabe) qui passerait naturellement par le monde islamique, dont les composantes arabe et africaine sont déterminantes.

Cet ensemble de démarches et de procédures suppose une volonté de compréhension mutuelle, par-delà les griefs séculaires, et malgré les séquelles de l'histoire coloniale. Les besoins du monde musulman sont immenses, à la mesure des retards accumulés dans les domaines socio-économique et technologique. Mais autant il aspire à la coopération avec l'Occident, autant il redoute les visées hégémoniques de ce dernier, par le biais d'un néo-colonialisme culturel jugé tout aussi aliénant que les anciennes formes de domination coloniale.

Dans ses rapports actuels avec l'Occident (donc avec l'Europe), le monde musulman ne tient pas seulement compte de la balance économique. Pour vitaux qu'ils soient, les échanges de marchandises ne sauraient constituer la finalité de ces rapports, à l'exclusion des dimensions éthiques et culturelles. Or les aspirations du monde islamique et ses valeurs de civilisation semblent peser assez peu au regard des pays d'Occident, armés de certitudes quant à la supériorité de leurs cultures et à l'universalité de leur système de valeurs. Les positions islamiques au regard des grands problèmes internationaux (crise du Proche-Orient, conflits du Tiers Monde, drame de Bosnie-Herzégovine) rencontrent assez rarement la compréhension et le soutien des Puissances occidentales.

De là vient la contestation grandissante à travers les pays d'Islam vis-à-vis de l'Occident et de ses valeurs. Valeurs sans cesse démenties dans la réalité des faits, quand les politiques ne traduisent qu'égoïsme, dénis de justice et volonté de puissance. Des multitudes musulmanes se dressent contre certains modèles culturels et politiques où elles voient l'incarnation d'un Occident qu'elles récusent. Ainsi la laïcité, la mixité des sexes (à l'école, etc.), la démocratie même sont-elles rejetées comme signes d'un « alignement » et d'un aveu de dépendance à l'égard de l'Occident.

Dans bien des cas, pour la conscience collective, adopter les valeurs véhiculées par le modernisme (à références judéo-chrétiennes ou matérialistes), c'est renier les valeurs qui ont fait la grandeur de l'Islam à ses débuts ; c'est rompre le consensus communautaire et risquer de compromettre la cohésion de l'*Umma*, ce corps social et mystique, cette patrie spirituelle transcendant toutes les patries terrestres.

Cet ensemble de considérations justifie amplement qu'un regard intérieur soit porté sur l'Islam et ses réalités actuelles. Loin de nous l'idée que rien n'ait été entrepris dans ce sens. En Europe comme en Amérique, des voix de plus en plus nombreuses appellent le monde occidental à connaître l'Islam en vérité, à le considérer tel qu'il se manifeste réellement, et non d'après des images de substitution, à la fois déformantes et dépréciatives (1). Ce qui implique une observation participante, mobilisant les ressources de l'intelligence et du cœur : conditions nécessaires pour dépasser les préjugés charriés par une longue tradition culturelle à tendance européocentriste.

Le présent ouvrage ne prétend pas constituer la synthèse de ce qui s'écrit sur l'Islam, et de ce qui s'exprime à travers le vécu sociopolitique du monde musulman dans ses multiples composantes. Il se propose plutôt de présenter un ensemble d'éléments introductifs à une plus juste approche de l'Islam dans son évolution historique et culturelle depuis la fin du siècle dernier. C'est-à-dire à partir du moment où la conscience islamique émerge définitivement de son univers prémoderne, sous le choc des dominations étrangères et des premiers transferts culturels (dans le sens Occident-Orient). Dès lors, la plupart des peuples musulmans s'éveillant aux réalités du monde nouveau se trouvent brusquement confrontés avec les problèmes et les défis de la modernité, en même temps qu'ils entrent de plain-pied dans la civilisation de l'ère contemporaine.

(1) Voir l'ouvrage très documenté d'Edward W. Said, Orientalism, London, 1978, trad. franç., L'Orientalisme. L'Orient créé par l'Occident, Paris, Seuil, 1980.

CHAPITRE II

L'ISLAM AU SEUIL DES TEMPS MODERNES

Voilà plus d'un siècle que le monde musulman est entré dans une phase de renaissance, après ce qu'il est convenu d'appeler les siècles de stagnation culturelle. Nous examinerons plus loin la problématique de ce renouveau et passerons en revue les thèses de source musulmane tendant à expliquer les retards islamiques dans le domaine scientifique et, par voie de conséquence, dans celui de la civilisation matérielle.

Le problème de la périodisation

Dans un champ aussi vaste que celui de l'histoire culturelle de l'Islam (qui s'étend sur quatorze siècles et englobe un large éventail de sociétés humaines), il est malaisé de définir une rigoureuse périodisation. En outre, les critères d'appréciation risquent d'être entachés de subjectivité. Selon un schéma classique de l'orientalisme, l'histoire culturelle du monde musulman se résume en trois grands moments :

a) la civilisation de l'Islam triomphant, militairement et culturellement : grosso modo, du milieu du VIIe au milieu du XIIIe siècle (point de repère crucial : en 506/1258, Bagdad, capitale de l'Empire abbâside, est ravagée par les Mongols) ;

b) les siècles de déclin culturel (milieu du XIIIe - fin du XVIIIe siècle) ;

c) la renaissance moderne, avec l'irruption de la civilisation européenne en Inde (pénétration britannique : fin du XVIIIe siècle - début du XIXe), et au Proche-Orient (expédition française d'Egypte, 1798-1801).

Une telle schématisation est loin d'être satisfaisante pour l'esprit musulman. Les concepts de « décadence » ou de « déclin culturel » sont généralement récusés par les Musulmans, soit comme inadéquats, compte tenu de la diversité socioculturelle en pays d'Islam, soit comme reflétant une méconnaissance des données positives de la culture islamique, en dehors de la période — universellement connue — de l' « âge d'or » de l'Islam.

Un large courant de recherches à travers le monde musulman tend à réhabiliter ces « siècles de décadence » en réfutant cette conception établie en Occident (et parfois reprise en Orient) comme un acquis scientifique (1). L'argument fondamental de la critique musulmane à cet égard est que les orientalistes (et leurs disciples arabo-musulmans) procèdent en faisant abstraction de la spécificité de l'Islam et de l'esprit de sa culture. Partant de critères de la culture occidentale, pris comme références à valeur universelle, ils commettent une lourde erreur méthodologique. Car ce qui apparaît aux yeux de l'Européen vers la fin du XIXe siècle comme un état de décadence, compte tenu des critères d'alors (positivisme, scientisme, développement du machinisme, valorisation de l'individualisme, etc.), peut être perçu par le Musulman comme un signe de vitalité spirituelle. Bien plus, pour les Musulmans plaçant l'idéal non dans l'hypertrophie de la civilisation industrielle, mais dans la permanence d'une vie simple, dans une société fraternelle, l'adoption des modèles culturels de l'Occident peut être interprétée comme un symptôme d'aliénation et de déclin.

1. Jusqu'aux XIIIe-XIVe siècles, le monde musulman conserve sinon la suprématie intellectuelle,

(1) Cf. les positions (exclusivement occidentales) formulées dans Classicisme et Déclin culturel dans l'histoire de l'Islam (Actes du Symposium intern. d'Hist. de la Civ. mus., Bordeaux, juin 1956), Paris, 1957.

du moins une sensible avance dans le domaine philosophique et dans bien d'autres disciplines où les recherches sont encore indécises en milieu chrétien. Pour de grands esprits européens, de Roger Bacon, le *Docteur Admirable* (1214-1294), à François Rabelais (1494-1553), la culture arabo-musulmane est une culture de référence. Elle est en effet capable de former un génie de l'envergure d'un Ibn Khaldoun (1332-1406), avec lequel la rationalité affirme ses droits face à la mentalité médiévale.

2. A la fin du XIVe siècle et au début du XVe, parallèlement à la gestation de la Renaissance européenne, la culture islamique semble en mesure d'assumer des mutations décisives pour s'affranchir des cadres de pensée médiévale. Mais l'Europe, engagée dans l'ère des grandes découvertes, va devancer pour plusieurs siècles le monde musulman dans l'organisation du savoir pour fonder la civilisation des temps modernes. Avec les premiers acquis scientifiques et techniques, la diffusion de l'imprimé, et grâce à une dynamique socioculturelle sans égale en terre d'Islam, la Renaissance s'apprête à forger les instruments de la suprématie technologique et économique de l'Occident.

3. Pendant ce temps (XVe-XVIe siècle), l'Islam continue de représenter une puissance militaire, tant navale que terrestre (2). La vigueur de l'Empire ottoman assure encore à de nombreux peuples musulmans une relative autonomie politique, sans leur insuffler de grandes ambitions en matière de développement industriel et commercial ou en ter-

(2) En dépit de la défaite de Lépante (1571), la puissance navale musulmane reste considérable en Méditerranée (d'Alger à Constantinople).

mes de projets culturels. Fondé sur un empire trop vaste et disparate, le système ottoman est peu propice aux échanges culturels et aux œuvres de création. A l'opposé de l'Empire abbâside (750-1258), qui a été un grand carrefour de cultures et un creuset de civilisation, l'Empire ottoman vivra d'emprunts hétérogènes échappant à tout principe unificateur.

La dégradation du libre-échange interislamique est en partie imputable à l'insécurité du Bassin méditerranéen, devenu depuis le début du XVIe siècle un champ d'affrontements entre puissances musulmanes (Algérie, Turquie, etc.) et chrétiennes (Espagne, Gênes, Autriche, Venise, etc.).

Soumises mais non assimilées, les différentes nationalités (y compris dans les provinces de tradition islamique) n'apportent à l'Empire ni les énergies d'une adhésion féconde, ni les ressources indispensables au progrès social et matériel. Sous la tutelle nominale des Ottomans, les peuples musulmans poursuivent leur évolution respective, dans des conditions plus ou moins favorables, selon les données propres à leur environnement géographique, à leur potentiel économique, à leur génie national.

Mais l'ère de l'élan créateur et des grandes productions de l'esprit semble toucher à sa fin sur toute l'étendue de l'espace islamique. Le monde de l'Islam se retranche sur lui-même dans une sorte de clôture morale (3). On notera bien de-ci de-là quelques essais de rénovation doctrinale, par exemple dans le sillage de l'Ecole néo-hanbalite, illustrée par le théologien syrien Ahmad Ibn Taymiyya (m. 728/1328). Toutefois, dans ces efforts intermittents, dans ces œuvres invariablement attachées aux modèles classiques — et presque exclusivement d'inspiration religieuse — aucune démarche résolument novatrice, aucune ouverture à l'univers culturel de la Chrétienté, aucune sérieuse tentative de synthétisation du savoir moderne, dans le genre de l'*Encyclopédie* de Diderot et d'Alembert (1751-1772). La domination des armes, qui conférait au califat ottoman sa légitimité, apparaissait comme son unique raison d'être. Mais ce régime semblait voué à un lent dépérissement, en raison d'irrémédiables carences.

(3) Phénomène accentué par la fiction de la « clôture de la porte de l'Ijtihâd » (la recherche et la réflexion personnelles), qui prédomine depuis le IVe/Xe siècle.

4. Après les succès foudroyants des XVe et XVIe siècles (1453, prise de Constantinople ; 1526, conquête de la Hongrie) et l'ultime offensive en direction de Vienne (assiégée à nouveau en l'été 1683), la puissance ottomane connaît une phase de reflux. Ce processus ira s'accentuant sous les effets conjugués de plusieurs facteurs : la prise de conscience européenne et le sursaut de la Chrétienté devant le « péril musulman » ; la résistance des nationalités hostiles à la présence turque ; enfin l'incapacité du système ottoman à s'adapter aux exigences de la guerre moderne.

Dans cette rapide esquisse, on ne peut passer en revue la situation de tous les empires et autres pouvoirs étatiques constituant, avec l'Empire ottoman, l'ossature politique du monde musulman, entre autres : l'Empire des Safawides en Perse (1502-1736) ; l'Empire des Moghols en Inde ; les sultanats de Sumatra (depuis 1507) et de Java (depuis 1518) ; l'Empire chérifien au Maghreb (sous les dynasties saadienne et alaouite) ; les empires et royaumes du Centre-Ouest africain, notamment l'Empire songhaï (Niger-Mali) (4).

Du point de vue socioculturel, les grands ensembles musulmans à la périphérie de l'Empire ottoman n'étaient guère mieux armés que celui-ci pour s'engager avec des chances de succès dans l'aventure scientifique et technologique des temps modernes.

La fin d'une époque

Les dernières décennies du XVIIIe siècle apparaissent à tous égards comme un tournant décisif dans l'évolution du monde islamique. Jusqu'alors, la Communauté musulmane vivait dans un univers mental et culturel à l'abri de toutes incidences

(4) Cf. Marshall G. S. Hodgson, The Venture of Islam, Chicago, 1974, vol. 3, 1-161 : tableau des empires islamiques dans leur évolution historique et socioculturelle.

extérieures. La stabilité des cadres institutionnels, des structures socio-économiques, du mode de vie intellectuelle, la permanence des valeurs traditionnelles au sein de la famille et de la Cité, et jusqu'au profil immuable de la pratique religieuse et de l'expression de la foi, tous ces indices attestaient la continuité et l'uniformité du rythme socioculturel du monde musulman, sous le double signe de la tradition et du classicisme.

Mais après avoir été, durant de longs siècles, profondément ancrés dans les certitudes de leur foi et de leur culture, à l'intérieur de frontières réputées inviolables, les peuples musulmans commencent à subir les assauts d'une Europe expansionniste (5).

Le choc colonial. — Les expansions coloniales sont d'abord perçues par les Musulmans comme de nouvelles croisades contre leurs pays. Elles déclenchent des réactions de défense, en ordre dispersé, sans grande efficacité devant la puissance offensive des Européens. Mais elles se heurtent aux mouvements de résistance nationale, sous la conduite de leaders civils ou religieux, reconnus comme guides de la Communauté. Malgré l'archaïsme des moyens militaires, la « guerre sainte » s'organise un peu partout (Maghreb, Afrique sub-saharienne, Inde, etc.). Là où s'effondrent les structures politiques locales, la relève est assurée par des meneurs d'hommes sous la bannière de la foi : marabouts, chérifs (se réclamant de la descendance du Prophète), réformateurs de tous horizons, *mahdis* (fondateurs de courants messianiques), se dressent pour prêcher le réarmement moral de la Communauté, le retour aux sources de la Foi et la restauration de la tradition

(5) Cf. Hubert Deschamps, La Fin des empires coloniaux, coll. « Que sais-je ? », PUF, 5e éd., 1976.

du Prophète comme voie de salut pour les Musulmans.

En effet, les échecs historiques du monde musulman sont interprétés comme un avertissement, sinon comme un châtiment divin. Partant de ce principe coranique : « *Dieu ne change pas la condition d'un peuple tant que celui-ci ne change pas ce qui est en lui-même* » (Coran, *13*, 11), les réformateurs établiront que : *a)* si les Musulmans connaissent un sort défavorable, c'est qu'ils ont démérité par un changement dans leur comportement individuel et collectif, au regard des exigences fondamentales de la Révélation ; *b)* le salut résidera dans un changement qui les rende aptes à mériter la grandeur *(siyâda)* et le bonheur *(sa'âda)* auxquels ils aspirent.

Sans cesse invoqué, tel un leitmotiv, le verset précité formera l'argument central des prédications islamiques de l'ère coloniale : les unes, centrées par priorité sur le thème de la guerre sainte, pour galvaniser les énergies dans la lutte contre l'occupant ; les autres, portant essentiellement sur le principe de la nécessaire régénération morale et spirituelle de l'Islam.

En mobilisant leurs énergies morales et intellectuelles dans la lutte contre l'Europe pour sauvegarder leur foi et leur liberté, les peuples musulmans se sont trouvés par la force des choses engagés dans un processus de mutation socioculturelle. Un processus gros de tensions entre les générations, entre les milieux sociaux, mais surtout — dans la classe intellectuelle — entre les partisans d'une évolution moderniste et les défenseurs des normes et valeurs classiques, en tant qu'expression optimale du modèle islamique.

Ce débat dominera la pensée musulmane durant tout le XIXe siècle et le début du XXe. L'enjeu était considérable. Car pour beaucoup il apparaissait difficile de troquer la fidélité au patrimoine culturel de l'Islam, un certain type de relations humaines et un certain art de vivre dans la Cité musulmane, contre les modèles culturels de l'Occident et les attraits de la civilisation moderne.

Chapitre III

LE RÉVEIL ISLAMIQUE

Les dernières décennies du XIXe siècle ont été marquées par le réveil du monde musulman. Ce phénomène, à la fois politique et religieux, apparaît comme la résultante d'un double courant de pensée : l'un, d'inspiration religieuse, et se fondant sur l'idéologie *réformiste* en voie de formation dans le monde musulman depuis la fin du XVIIIe siècle ; l'autre, d'origine purement profane et d'orientation moderniste (la modernité étant alors à références principalement européennes).

Tandis que les énergies déployées sous le signe de la Renaissance (en arabe : *Nahda*) s'emploieront à rattraper les retards socioculturels du monde islamique, les recherches inspirées par des motivations religieuses viseront à créer une dynamique de renouveau et de Réforme (en arabe : *Islâh*), dans la perspective d'une harmonisation entre les données de tradition et les conditions de la vie moderne.

I. — La réforme islamique moderne

1. Continuité de l'esprit de réforme en Islam. — La Réforme du XIXe siècle ne constitue ni un phénomène de rupture, ni un accident dans l'histoire religieuse des pays d'Islam. Elle représente plutôt un temps fort dans une évolution socioculturelle où l'esprit de *réforme* apparaît comme une donnée constante.

En effet, tout en reconnaissant pour la Communauté *(Umma)* la nécessité de s'ouvrir aux réalités temporelles, les réformateurs de l'Islam moderne (depuis la fin du XVIIIe siècle) ont cherché à situer leur prédication et leur action dans le sillage des maîtres incontestés de la haute tradition. Au-delà du juste hommage rendu à l'autorité des témoins exemplaires de l'Islam primitif, il s'agit pour les réformateurs modernes d'affirmer leur attachement au principe de continuité de la Communauté avec ses sources.

Loin de se couper totalement des courants de pensée qui n'ont cessé d'animer la vie de l'*Umma* à travers les siècles, les initiateurs du réformisme musulman moderne se réfèrent d'abord aux docteurs du premier âge de l'Islam (1) ; ils tiennent aussi à honorer les plus éminents représentants de la pensée et de la doctrine classiques, tels Ghazâlî (m. 505/1111) et Ibn Taymiyya (m. 728/1328), grâce auxquels la spiritualité et l'orthodoxie musulmanes se sont trouvées périodiquement vivifiées.

2. **Les grands réformateurs modernes.** — C'est dans la lignée de ces maîtres spirituels de l'Islam que s'inscrivent les noms de nombreux réformateurs apparus dans le monde musulman entre la fin du XVIIIe et la fin du XIXe siècle.

(1) En privilégiant les fondateurs des principales écoles orthodoxes : Abou Hanîfa (m. 150/767), de Koufa (Irak) ; Mâlik (m. 179/795), de Médine ; Châfi'î (m. 204/820), d'Egypte ; Ahmad Ibn Hanbal (m. 241/855), de Bagdad.

Quelques-unes de ces figures méritent d'être évoquées ici : Ahmad Châh Wali Allah (1702-1762), en Inde ; Mohammad Ibn ʿAbd al-Whahhab (1703-1791), en Arabie ; Othmân Dan Fodio (1754-1817), au Centre-Ouest africain (Niger) ; Sayyid Ahmad Khan (1817-1898), en Inde ; Djamâl al-Dîn al-Afghani (1839-1897), au Moyen-Orient ; Mohammad ʿAbdouh (1849-1905), en Egypte.

Tous ces réformateurs n'avaient certes pas le même profil intellectuel, le même tempérament, ni la même conception de la réforme islamique des temps modernes. Les uns pensaient leur action en termes de réformation morale et religieuse ; ils se sentaient comme investis d'une mission d'ordre prophétique pour sauver leur communauté des erreurs et des périls du siècle. D'autres, situant leur rôle de préférence dans le champ social, se donnaient pour tâche exclusive de promouvoir le changement au niveau des mentalités, des mœurs et du système éducatif, dans l'espoir d'adapter les structures socioculturelles du monde musulman aux exigences des temps nouveaux.

Ce faisant, les efforts des uns et des autres se rejoignaient dans une sorte d'élan mystique : restaurer la *grandeur* de l'Islam — soit par la vertu d'un ressourcement dans une tradition religieuse reconnue pour sa puissance créatrice et sa fécondité culturelle, soit par la voie d'un progrès social et matériel qui emprunterait à l'Occident « *ce qu'il a de meilleur* » en fait de techniques et de modèles culturels.

Bref, à partir du milieu du XIXe siècle, de l'Inde au Bassin méditerranéen, les esprits éclairés formant l'avant-garde des peuples musulmans seront unanimes quant à la nécessité d'une revitalisation de l'Islam en tant que « religion » et système de valeurs morales et sociales, de sorte que la Communauté musulmane puisse combler ses retards et s'insérer harmonieusement dans le monde moderne.

II. — Les facteurs du renouveau islamique

La prise de conscience du monde islamique doit beaucoup à l'œuvre entreprise par un certain nombre de fortes personnalités religieuses et intellectuelles représentatives du mouvement réformiste *orthodoxe* qui vient d'être décrit à grands traits. Sans vouloir minimiser le rôle historique des grands réformateurs de l'Islam moderne, on notera cependant que le réveil du monde musulman fut préparé par un large concours de facteurs internes et externes. En voici les plus déterminants :

1. **Le courant réformateur du wahhâbisme** (ar. : *Wahhâbiyya*), sous l'impulsion de Mohammad Ibn 'Abd al-Wahhâb (m. 1206/1791), dont l'ardente prédication religieuse — dans le Najd (Arabie) — visait à restaurer le culte et le dogme islamiques dans leur pureté originelle, et cultivait une certaine idéalisation de la Cité musulmane primitive, à travers l'enseignement et les *Vies* des « Pieux Devanciers », les *Salaf*.

D'où l'appellation *Salafiyya* qui désignera (jusqu'à nos jours) les courants fondamentalistes inspirés par ce même idéal de « retour aux sources ». Partant de ce principe, les critères peuvent varier quant à la définition de cette *Cité musulmane*, tantôt identifiée à l'Etat de Médine, du vivant du Prophète (2), ou de l'époque des califes orthodoxes, tantôt assimilée à la Communauté musulmane du premier âge, avec pour terminus *ad quem* : 241 de l'hégire/855 apr. J.-C. (3).

(2) Cf. Ziauddin Sardar, The Future of Muslim Civilisation, London, Croom Helm, 1979, chap. 8 : « The Future is in the Past ». Le modèle idéal de l'Etat islamique a fonctionné à Médine, depuis l'hégire (622) jusqu'à la mort du Prophète (632).

(3) Cf. l'examen de cette question de périodisation dans notre art. *Islâh* de l'Encyclopédie de l'Islam, t. IV, p. 146 sq.

Toute fondamentaliste qu'elle fût, la prédication wahhâbite comportait certains éléments de modernité : *a)* quant à ses options dogmatiques, préfigurant une sorte de protestantisme islamique (affirmation de l'autorité exclusive de Dieu (*i.e.* l'*Ecriture*) et du Prophète (*i.e.* sa Tradition, ou *Sunna*) ; refus de tout laxisme théologique en matière d'*unitarisme* ; rigueur morale ; *b)* quant à ses projets d'ordre temporel : volonté d'insuffler aux Musulmans une dynamique socioculturelle et politique à la mesure de leur grandeur passée.

Par son éthique volontariste et sa « politique canonique » égalitariste et tendue vers la grandeur de l'Islam, le wahhâbisme travaillera inlassablement au redressement de la Communauté islamique. Son combat portera contre l'esprit de conformisme doctrinal *(Taqlîd)* ; l'obscurantisme imputé à certaines organisations religieuses (confréries, etc.) ; la résignation fataliste des pouvoirs et des peuples devant les échecs historiques de la Communauté.

Pour la jeune génération de la fin du XVIIIe siècle au début du XIXe, les appels du wahhâbisme correspondaient à l'esprit des temps nouveaux — depuis l'expédition française en Egypte, et au moment où l'Empire ottoman inaugurait un « nouvel ordre » *(Nizâm-i Djedîd)*. Le souffle régénérateur du wahhâbisme finira par se propager dans tout le monde musulman, des pays arabes au sous-continent indien. Ainsi l'élan wahhâbite pourra-t-il être défini comme « la première pulsion de vie dans l'Islam moderne » (Moh. Iqbal) (4).

2. **Les incidences de la culture occidentale.** — On ne peut retracer ici les différentes étapes de la pénétration culturelle de l'Occident en terre d'Islam. Notons du moins qu'en dépit des sévères affronte-

(4) The Reconstruction..., p. 145 ; trad. franç., p. 165.

ments qui en marquèrent les débuts, l'irruption de la civilisation européenne dans le monde musulman déterminera des transformations décisives au niveau des mentalités et des mœurs. On a souligné plus haut l'importance des premiers contacts entre les sociétés musulmanes et les divers éléments coloniaux (militaires, administrateurs, missionnaires, marchands), représentants d'une Europe sur le point de franchir le « siècle des Lumières » pour s'engager dans l'ère industrielle. On mesurera l'impact de la civilisation européenne sur la conscience musulmane par le degré de curiosité manifestée par les élites orientales devant les nouveautés véhiculées par les puissances coloniales (5).

Outre l'émerveillement de la découverte (ou le rejet pur et simple des apports étrangers), la civilisation européenne devait susciter en milieu musulman des interrogations parfois mêlées d'inquiétude. Interrogations sur la position du croyant devant les sciences et technologies nouvelles, et, d'une manière générale, sur l'attitude du Musulman face aux déploiements d'une culture étrangère apparemment dénuée de toute référence religieuse.

La rencontre de l'Islam avec les modèles culturels de l'Europe sera le thème majeur du débat qui dominera la vie intellectuelle à travers le monde musulman tout au long du XIXe siècle. Ce brassage d'idées familiarisera progressivement les milieux éclairés avec les valeurs et idéaux dont se réclamaient les sociétés européennes de l'époque. Les concepts d'individualisme, de libéralisme, de progrès social, impressionneront favorablement la jeunesse musulmane. Celle-ci apprendra en outre à

(5) Cf. par ex. les témoignages du chroniqueur égyptien al-Jabarti (1754-1825), trad. franç. par Joseph Cuoq, Journal d'un notable du Caire durant l'expédition française 1798-1801, Paris, A. Michel, 1979.

valoriser l'esprit critique, la rationalité, la libre recherche hors des cadres étouffants de la tradition établie. Toutes ces notions ne tarderont pas à être vulgarisées par le discours des historiens, des hommes de lettres, des penseurs réformistes. En effet, ces divers formateurs de l'opinion publique en pays d'Islam emprunteront volontiers à la terminologie européenne des notions leur permettant d'exprimer en termes d'actualité une pensée sociale et religieuse foncièrement en accord avec l'esprit de la culture islamique.

3. L'évolution libérale de l'Empire ottoman. — Depuis le XVIe siècle, l'histoire de l'Islam se confond, dans une large mesure, avec celle de l'Empire ottoman. Car outre la Turquie (d'Europe et d'Asie) et certains territoires balkaniques, cet Empire englobait la majeure partie du monde arabe (y compris la Régence d'Alger, jusqu'en 1830). Ce vaste ensemble géopolitique était gouverné par des *sultans* investis du *califat*, ou magistrature suprême de l'Islam orthodoxe. Il s'agissait, en l'occurrence, d'une autorité morale fondée sur le prestige de la fonction impériale plutôt que d'un réel *pouvoir spirituel* (comparativement à celui du pape). Néanmoins, comme souverains d'un empire représentant sur la scène internationale une grande puissance, les sultans de Constantinople ont généralement bénéficié d'une réelle allégeance au sein de la Communauté islamique orthodoxe, y compris dans les pays qui échappaient à leur tutelle politique. A ce titre, les souverains ottomans ont assumé une responsabilité considérable dans le destin historique, autant que dans l'évolution socioculturelle de nombreux peuples musulmans.

En conséquence, toute importante réforme mise

en œuvre par le gouvernement de Constantinople était de nature à avoir des incidences sur la vie musulmane. C'est ainsi que les réformes (ou *Tanzîmât*) entreprises sous le règne de Abdul-Madjid Ier (1er juillet 1839-1861) — notamment celles du 3 novembre 1839 et du 1er février 1856 — eurent pour effet d'amorcer un processus de libéralisation au niveau des institutions et de la vie politique (garantie des libertés civiles ; égalité des sujets musulmans et non musulmans au sein de l'Empire).

Ces réformes étaient cependant loin de correspondre à l'état des mentalités et des mœurs, et encore moins aux aspirations de l'opinion publique. Décidées hâtivement sous la pression des Puissances européennes, elles furent accueillies avec amertume par les éléments conservateurs, mais aussi par les réformistes — tel Nâmiq Kemal (1840-1888). Aux yeux des uns et des autres, elles représentaient moins une promesse d'émancipation sociale qu'un signe de déclin de l'Empire islamique. Faute d'une réorganisation profonde de ses structures et d'une refonte radicale de son idéologie, l'Etat ottoman — « *L'Homme malade de l'Europe* » — se résignera de plus en plus à l'irrémédiable dégradation de sa puissance militaire et de son influence sur la scène internationale.

Quoi qu'il en soit, ces différentes réformes traduiront une option moderniste que le régime ottoman poursuivra, *nolens volens*, tout au long du XIXe siècle. Compte tenu du symbole que représentait le sultan, les réformes conféreront malgré tout une certaine crédibilité à tous ceux — modernistes laïcisants ou réformistes orthodoxes — qui prêcheront le progrès et la nécessaire adaptation de la Cité musulmane aux réalités de la vie moderne.

4. **L'essor des techniques d'imprimerie** sera l'un des facteurs décisifs dans le processus de renaissance culturelle dans le monde musulman. Les pays d'Islam étaient en retard de près de quatre siècles

— par rapport à l'Europe — dans le domaine de l'imprimerie. Hormis la Turquie, où l'introduction de la typographie remonte à 1728 (6), le reste du monde musulman n'accède à la *Galaxie de Gutenberg* qu'au début du XIXe siècle. A ce propos, on soulignera le rôle historique de l'imprimerie de Boulak (près du Caire), qui devient à partir de 1822 l'un des instruments essentiels du progrès intellectuel à l'échelle du monde arabe.

Avec le développement de l'industrie du livre, les pays musulmans vont enfin connaître la diffusion de la culture par le manuel scolaire, les ouvrages de vulgarisation scientifique, la découverte des cultures étrangères au moyen des traductions. Parallèlement à l'essor du livre, celui de la presse — *grosso modo* de 1858 à 1878 — donnera une dimension nouvelle à la circulation des idées et contribuera puissamment à la formation de l'opinion publique en pays d'Islam.

Les débuts de la presse musulmane

Date	*Lieu*	*Titre*
1828	Le Caire	*Al-Waqâ'i' al-Misriyya*, journal officiel
1831	Istanbul	*Taqwîm-i Waqâ'i'*, journal officiel en turc
1831	Istanbul	*Moniteur ottoman*, édition française du précédent
1847	Alger	*Le Mobacher*, journal officiel, éd. arabe sous le titre : *Al-Mubaššir*
1848	Téhéran	*Rûznâmeyé-Véqâ'ie'iyé*, journal officieux
1855	Beyrouth	*Mir'ât al-Ahwâl*, 1er journal arabe
1858	Beyrouth	*Hadîqat al-Afkar*, arabe-français, journal officieux (ottoman)
1868	Bagdad	*Al-Zawrâ'*, 1er journal irakien
1875	Sanaa	*San'â'*, 1er journal dans la péninsule arabe (Yémen)

(6) Grâce aux efforts du hardi réformateur d'origine hongroise, Ibrahim Muteferrika (1674-1745), auteur d'un mémoire au sultan Ahmed III : « Sur l'utilité de l'établissement de l'imprimerie à Constantinople » (1726).

5. **Le rôle stimulant des communautés et missions chrétiennes.** — Dans le processus de régénération socioculturelle à travers l'aire islamique au XIXe siècle, les minorités chrétiennes firent plus spontanément accueil aux idées modernes véhiculées par la culture occidentale. Les missions chrétiennes en Orient, à défaut d'évangéliser les populations musulmanes, contribuèrent à l'émancipation intellectuelle des communautés chrétiennes de l'Empire ottoman. Grâce au sang nouveau apporté par les missions anglo-saxonnes et latines, et aux perspectives offertes par une conjoncture politique et diplomatique favorable, les Eglises de l'Orient arabe connaîtront un renouveau qui se traduira par une plus grande ouverture à l' « occidentalité ».

Le sort des minorités chrétiennes et le problème de leur « protection » ont été parmi les préoccupations constantes des Puissances européennes dans leurs relations avec la Sublime Porte (Constantinople). Rappelons que la réforme du 1er février 1856 (évoquée plus haut, 3) marque une étape décisive dans l'évolution socio-politique des communautés chrétiennes de l'Empire ottoman. Le nouvel ordre en voie d'instauration dans cet Empire aura, globalement, d'heureuses incidences sur la condition des Eglises orientales. A cet égard, le cas type de l'Eglise uniate est des plus instructifs (7).

Dans le même ordre d'idée, il importe de tenir compte de la dynamique des missions religieuses, de plus en plus nombreuses à s'implanter dans les pays de tradition islamique (8). Cette présence missionnaire eut pour conséquence immédiate de susciter des réactions de défense en milieu musulman. Mais, au regard de nombreux responsables religieux, elle eut surtout valeur d'exemple, du

(7) Cf. la monographie de Joseph Hajjar, Les Chrétiens uniates du Proche-Orient, Paris, Seuil, 1962.

(8) Sur l'histoire des missions chrétiennes en terre d'Islam au XIXe, voir Kenneth Scott Latourette, A History of Expansion of Christianity, vol. VI : The Great Century (1800-1914), London, 1944.

double point de vue du zèle déployé au service de la foi, et du contenu même de l'enseignement doctrinal.

Aussi verra-t-on les auteurs réformistes, à l'instar des missionnaires protestants (et *mutatis mutandis*), fonder leur prédication sur la primauté de l'Ecriture, sans pour autant perdre de vue les réalités sociales et culturelles. Tout comme leurs compatriotes chrétiens, les réformistes auront à cœur de travailler au renouveau spirituel de l'Islam en même temps qu'à l'émancipation sociale et intellectuelle des peuples musulmans, par un inlassable effort en faveur de l'assimilation du savoir et des techniques modernes.

Ce faisant, les réformistes musulmans de la fin du XIXe siècle contribuèrent (indirectement) à orienter la pensée islamique dans des voies de recherche et de réflexion aboutissant logiquement aux idéologies laïques et sécularistes qui trouveront de nombreux partisans parmi les Ecoles modernistes du XXe siècle, d'un bout à l'autre du monde musulman. Ce n'est pas le lieu d'examiner les incidences de la doctrine réformiste sur l'évolution de la culture islamique dans le sens de la sécularisation. Notons simplement le parallélisme d'un tel processus avec celui que connaîtront, à la même époque, les sociétés de tradition protestante (9).

6. **L'œuvre de Sayyid Ahmad Khân** (1817-1898), le véritable initiateur du modernisme social et culturel dans l'Islam indien, à partir du milieu du XIXe siècle. Fondateur du célèbre *Mohammedan Anglo-Oriental College* d'Aligarh (1878), infatigable vulgarisateur des idées modernes, Ahmad Khan eut pour ambition de définir les principes d'une réinterprétation des sources de l'Islam en termes compatibles avec l'esprit des temps nouveaux. Bien

(9) Sur la relation entre « le mouvement théologique protestant et la sécularisation », cf. les analyses de Peter L. Berger, The Social Reality of Religion, Peng. Univ. Books, 1973, p. 140 sq.

qu'il dût se heurter aux vives résistances des milieux conservateurs, et que sa démarche fût parfois suspectée de matérialisme, Ahmad Khan aura été l'homme grâce auquel l'Islam indien reçut les impulsions décisives au niveau doctrinal comme dans le domaine social et culturel (10).

S. Ahmad Khan compte parmi les trois ou quatre plus grandes figures de la renaissance islamique moderne. Le grand dessein de sa vie a été la réconciliation de l'Islam avec la civilisation contemporaine. Son œuvre écrite et son enseignement, voués à la régénération de la culture islamique, seront poursuivis — et amplifiés — par le *Mouvement d'Aligarh*, formé autour du Collège de même nom (future Université en 1920), qui sera pour la Communauté musulmane de l'Inde, durant trois générations, une incomparable pépinière de personnalités intellectuelles et politiques de haut rang.

7. **La dynamique des élites musulmanes.** — Les divers facteurs exposés ci-dessus ont eu pour effet de confronter la Communauté musulmane aux réalités du monde moderne, en abolissant les barrières constituées par l'isolement géographique, le cloisonnement des traditions culturelles, la résistance des mentalités. Désormais, le sentiment de suffisance dans la plénitude islamique fera place aux interrogations, face à une irrésistible modernité totalement d'essence étrangère.

L'ère du repli sur soi, à l'écart d'un monde en pleine transformation, semblait terminée pour beaucoup de peuples musulmans. Finie l'autorité — sinon l'infaillibilité — des docteurs de la Loi (*'Ulamâ'*), convaincus de la vanité de tout savoir en dehors de leur science religieuse. Finie la suprématie des universités traditionnelles, imperturbablement figées dans un dogmatisme millénaire, et tendant à n'être plus que les conservatoires d'une érudition largement anachronique.

(10) Sur ce grand réformateur de l'Islam indien, cf. Aziz Ahmad, Muslim Self-Statement..., p. 25-48 ; Chr. W. Troll, Sayyid Ahmad Khan (1817-1898) et le renouveau de la théologie musulmane... au XIXe siècle, IBLA (Tunis), n° 138, 1976, p. 205-241.

La jeune génération — celle de la seconde moitié du siècle dernier — a grande hâte à se mettre au rythme de son temps, à s'initier au progrès scientifique et technologique dont l'Occident représentait l'avant-garde. Après des siècles de tarissement culturel, un immense besoin de créativité se fait sentir à travers le monde islamique. De toutes parts des voix s'élèvent pour appeler au changement, à la découverte des cultures étrangères, à l'évasion hors du champ clos de l'héritage classique. Une vive curiosité des idées et du monde actuels va s'emparer des esprits, susciter des vocations, des initiatives aussi audacieuses qu'enthousiastes. Telle sera l'atmosphère de la *Nahda* : non pas une simple reprise culturelle, mais une véritable résurrection à l'échelle de tout l'espace islamique.

Pour compléter le tableau de cette renaissance, on soulignera le rôle capital des étudiants musulmans envoyés en mission dans les pays d'Europe (y compris la Russie). Au terme de leur formation à l'étranger, ces étudiants s'emploieront à sensibiliser leurs compatriotes au progrès des sociétés européennes (11). Ils prendront une part active dans la vulgarisation des sciences et technologies occidentales, sous l'égide des bureaux de traduction gouvernementaux (Turquie, Egypte, Iran, Inde, etc.).

Les traductions entreprises par les organismes officiels illustrent abondamment les besoins de l'Orient musulman en matière d'information scientifique et technologique. D'après le catalogue des ouvrages édités au cours d'une vingtaine d'années (1822-1843) par l'Imprimerie de Boulak (Le Caire), les titres traduits (pour la plupart du français, et quelques-uns

(11) Dès 1842, un ancien de la mission d'étudiants égyptiens en France, le fameux Rifâ'a al-Tahtawi (qui sera l'un des principaux artisans du développement culturel de son pays), attire l'attention des responsables politiques d'Orient sur « le progrès social et politique de l'Europe » (cf. son Offrande aux monarques prudents et sages, Boulak, 1258/1842).

de l'anglais) expriment, pour la seule Egypte, des besoins prioritaires dans les disciplines suivantes : arts militaires (infanterie, cavalerie, artillerie, génie militaire, marine) ; génie civil (hydraulique, mécanique) ; mines ; arts et métiers ; médecine (anatomie, physiologie, pathologie, chirurgie, ophtalmologie, épidémiologie, organisation hospitalière) ; pharmacopée ; médecine vétérinaire ; histoire naturelle ; agronomie ; botanique ; géologie ; géographie ; géodésie ; mathématiques (calcul, algèbre, trigonométrie, géométrie) ; histoire européenne (France, Angleterre, Italie, Grèce, Russie, Suède) ; histoire universelle (12).

On ne saurait trop insister sur l'importance du mouvement de traductions dans la renaissance culturelle du monde musulman au cours du XIXe siècle. Dans cette phase décisive, les jeunes titulaires d'une double (ou triple) formation linguistique constitueront un élément fécondateur de la culture arabo-musulmane traditionnelle et contribueront largement à l'ouverture de l'univers islamique sur les réalités du monde extérieur.

(12) Journal asiatique, juill.-août 1843, p. 31-61.

CHAPITRE IV

LE THÈME DU « RETARD » ISLAMIQUE (1880-1890)

Dans le précédent chapitre on vient d'esquisser le mouvement de renaissance culturelle du monde musulman. Ce processus ira s'amplifiant du milieu du XIXe siècle jusqu'à la veille de la première guerre mondiale. Il aura pour conséquence immédiate de susciter chez de nombreux auteurs musulmans une réflexion critique sur la situation générale de leur société dans un monde en pleine mutation. Il s'agira pour eux de faire le bilan du potentiel islamique dans tous les domaines, eu égard aux nécessités de l'époque contemporaine. Ce qui les amènera à mettre en évidence les insuffisances du système socioculturel des pays d'Islam, notamment en matière d'éducation, de recherche scientifique, de technologie, d'équipement moderne dans tous les secteurs de l'activité économique.

Le thème du *retard* des peuples musulmans par rapport à l'Europe (et à l'Amérique) sera omniprésent dans la presse réformiste de la fin du XIXe siècle et, d'une manière générale, dans toutes les publications acquises aux idées modernes. Ce sera, entre autres, l'un des sujets permanents du journal arabe *Al-ʿUrwa al-Wuthqâ (Le Lien indissoluble)*, édité à Paris par Djamâl al-Dîn al-Afghani et Mohammad ʿAbdouh (1). L'esprit du *Lien indissoluble* et la volonté d'éveiller la conscience musulmane aux réalités du monde contemporain caractérisent également la revue réformiste *Al-Manâr* (Le Caire, 1898), fondée par Rachîd Rida, l'un des plus proches disciples du grand réformateur égyptien Moh. ʿAbdouh.

Une série d'articles de ce dernier (alors grand Mufti d'Egypte), publiés dans le *Manâr* (vol. 5, 1902), méritent une attention particulière. Sous le titre *Islam et Christianisme face à la science et à la civilisation*, l'auteur essaie de déterminer les causes génératrices des « faiblesses » du monde islamique. On en retiendra principalement : l'immobilisme social et politique ; les tares du « clergé » musulman ; l'ignorance et les superstititions populaires ; l'analphabétisme des femmes ; la négligence des « sciences de la nature » en milieu musulman ; des causes imputables au régime ottoman (utilisation de la religion au service du pouvoir politique, obscurantisme, restriction des libertés publiques, etc.).

Dans cette même optique, le problème du retard islamique au regard du monde moderne constitue le sujet central d'un essai du réformateur syrien ʿAbd al-Rahmân al-Kawakibi (1854-1902), intitulé *Umm al-Qurâ* (*La Mère des cités*, *i.e.* La Mekke), 1899. Sous prétexte de rendre compte d'un congrès panislamique fictif, l'auteur s'attache à établir un diagnostic des « maux » qui lui paraissaient affliger les sociétés musulmanes — du Maroc jusqu'à l'Indonésie — sur la fin du XIXe siècle. Ces maux tiennent à des causes religieuses, morales et politiques. Kawakibi les analyse avec un luxe de détails grâce à quoi nous avons une sorte de radioscopie de la Communauté islamique au seuil du XXe siècle.

(1) Malgré la brièveté de sa carrière (mars-oct. 1884), ce journal d'inspiration panislamiste et anti-impérialiste représentera un moment capital dans l'histoire des idées en Islam moderne.

Pour ce qui est des causes morales et religieuses, les analyses de Kawakibi rejoignent celles de ʿAbdouh (ci-dessus), à quelques nuances près. En voici les grandes lignes : *a)* Incidences socioculturelles de la doctrine théologique de la prédestination, propice au développement des tendances fatalistes, au détriment de la libre initiative humaine ; l'esprit de renoncement au monde et la fuite du réel ; le rigorisme des « docteurs de la Loi », en contradiction avec la simplicité des préceptes en honneur dans la Communauté islamique primitive ; la croyance selon laquelle les sciences physiques et les disciplines rationnelles seraient incompatibles avec la foi musulmane. *b)* L'ignorance et la résignation fataliste des masses populaires ; le pessimisme général engendré par le sentiment de l'impossibilité pour les Musulmans de rattraper les peuples avancés de l'Occident ; l'acceptation de la médiocrité, par souci du moindre effort ; la valorisation des carrières administratives et militaires au détriment des professions artisanales. *c)* Au plan politique, l'auteur invoque une série de causes du retard islamique selon lui directement imputables au régime ottoman, dont Kawakibi dénonce par ailleurs l'absolutisme (cf. son essai intitulé *Caractères du despotisme*, 1320/1902).

Cette tendance autocritique aura ses prolongements jusque dans les années 20. Le thème du *retard* des peuples musulmans fera l'objet d'abondantes enquêtes et de longues dissertations, surtout après la publication de la traduction arabe du livre d'Edmond Demolins : *A quoi tient la supériorité des Anglo-Saxons ?* (2) par Ahmad Fathi Zaghloul (Le Caire, 1899). Ce livre eut un grand retentissement en Orient, tant par son contenu que par la préface du traducteur, sous forme d'un courageux réquisitoire contre les carences de la nation arabe.

Les thèses de Demolins étaient de nature à étayer l'argumentation de tous ceux qui, dans le monde musulman, s'interrogeaient sur le déclin de la

(2) Paris, Firmin-Didot, 1897. Cet ouvrage sera également traduit en langues anglaise, allemande, italienne, russe, espagnole, polonaise, japonaise.

civilisation islamique en même temps que sur l'« explosion » de la puissance européenne dans tous les domaines. Tout comme pour Edmond Demolins, et *mutatis mutandis*, il s'agissait pour les intellectuels musulmans

« *de savoir quel est le secret de cette prodigieuse puissance d'expansion, de cette extraordinaire puissance de civilisation, et quels sont les moyens d'y atteindre* » (p. IV).

Il leur incombait aussi de forger les instruments d'un nouvel essor social et culturel, sur la base d'une nouvelle éthique donnant la primauté aux valeurs d'effort et d'énergie morale. Là aussi les Musulmans avaient intérêt à méditer les réflexions formulées par Demolins au terme de sa conclusion :

« *Il est écrit : « Tu gagneras ton pain à la sueur de ton front. » Cette parole est non seulement le fondement de la puissance sociale, mais encore le fondement de la puissance morale. Les peuples qui se dérobent (...) à cette loi du travail personnel et intense subissent une dépression, une infériorité morale ; ainsi le Peau-Rouge par rapport à l'Oriental ; ainsi l'Oriental, par rapport à l'Occidental ; ainsi les peuples latins et germains de l'Occident par rapport aux peuples anglo-saxons* » (p. 410).

La problématique du « retard » islamique

Tout autant que la problématique du progrès et du modernisme, celle du retard (scientifique, technique et socio-économique) du monde de l'Islam mobilisera la réflexion musulmane durant plusieurs décennies. Témoin du XIXe siècle finissant et des premiers grands bouleversements technologiques et socio-politiques du XXe siècle, la génération de 1880 à 1920 se sentira comme mise en demeure d'apporter des réponses au double défi de la modernité et des blocages psychoculturels propres aux sociétés de tradition islamique. Face aux transferts de civilisation qui s'opéraient sous leurs yeux, et dont les enjeux (politiques, économiques et stratégiques) échappaient à leur compétence, les intellectuels musulmans de cette époque se trouveront par la force des choses confinés dans le seul domaine du discours théorique. D'où la profusion des essais, des monographies sociales et politiques, dans lesquels la vie musulmane était non seulement détaillée dans sa réalité, mais souvent esquissée telle qu'elle devrait être.

Ainsi, en écho à la traduction arabe du livre de Demolins, Moh. Omar (m. 1918) analyse la *Situation actuelle des Egyptiens* et tente d'expliquer *A quoi tient leur infériorité* (en arabe, Le Caire, 1902).

De son côté, dans une série d'articles publiés dans le *Manâr*, le Libanais Chakib Arslān (1871-1946) s'interroge sur *Les Raisons du retard des Musulmans et du progrès des autres peuples* (1929 ; trad. angl. M. A. Shakoor, *Our Decline and Its Causes*, Lahore, 1944).

En Inde, dans le sillage du grand poème historique d'Alṭāf Ḥusayn Ḥālī (1837-1914) sur le *Flux et Reflux de l'Islam* (connu sous le titre *Musaddas-i Ḥālī*), la réflexion réformiste ne cessera d'alimenter le débat sur les causes de la stagnation de l'Islam et les conditions de sa renaissance.

La vision orientaliste

Ces témoignages de source musulmane sont à rapprocher des observations de divers auteurs européens (romanciers, essayistes, voyageurs) à la fin du XIXe siècle et au début du XXe, comme Gobineau (1816-1882), dans ses *Nouvelles asiatiques* (1re éd., 1876) ; Guy de Maupassant (1850-1893) : voir ses carnets de voyage en Afrique du Nord (1888), dans *La Vie errante* (1890) ; les récits autobiographiques d'Isabelle Eberhardt (1877-1904), cette Musulmane d'origine russe qui lia son destin à celui de l'Islam maghrébin ; Pierre Loti (1850-

1923) : ses impressions de voyage à travers le monde musulman aux prises avec les assauts de la civilisation et de l'hégémonisme européens ; les frères Jérôme et Jean Tharaud et leurs reportages littéraires sur le Maroc, le Proche-Orient et la Perse ; Maurice Barrès (1862-1923) et sa vision personnelle de l'Orient.

On a là quelques exemples de l'abondante littérature orientaliste française de la période de 1880 à 1920 (3). Non moins abondante a été, à la même époque, la littérature anglaise portant sur la Turquie, la Perse et l'Inde, et dont certaines figures sont quasi légendaires : Richard F. Burton (1821-1880), Wilfrid S. Blunt (1840-1922), Thomas Ed. Lawrence (1888-1935), le fameux « Lawrence d'Arabie », etc. (4).

Lieu d'évasion, loin de la grisaille des cités industrielles et des laideurs de la civilisation mercantile, l'Orient représentait pour certaines élites européennes la promesse d'émerveillements toujours renouvelés, dans un univers de légende et de lumière. C'est le cri de toute une génération littéraire qu'exprime ainsi Albert Samain (1858-1900) :

J'ai grandi, j'ai rêvé d'Orient, de lumières... (5).

Néanmoins, si le dépaysement pouvait procurer d'exquises sensations pour les Européens en terre d'Islam, leurs relations avec le milieu musulman s'avéraient souvent des plus décevantes. Car les mœurs et la civilisation matérielle de l' « Orient » — du Maghreb à l'Inde — étaient loin d'offrir toutes les satisfactions auxquelles pouvait prétendre l'élite européenne de sensibilité chrétienne et de tradition bourgeoise. Au fil de la vie quotidienne, les frictions

(3) On en trouvera un aperçu dans Henry Bordeaux, Voyageurs d'Orient, Paris, Plon, 1926 ; Hasan al-Nouty, Le Proche-Orient dans la littérature française de Nerval à Barrès, Paris, Nizet, 1958.

(4) Cf. Joëlle Redouane, L'Orient arabe vu par les voyageurs anglais, Alger, OPU, 1988, 302 p.

(5) Voir son sonnet, Mon enfance captive...

et déceptions avaient vite fait d'oblitérer les mirages de l'exotisme et d'aggraver les préventions à l'égard des autochtones. Là où les motifs de mépris l'emportaient sur l'élan de généreuse sympathie, et où le sentiment de supériorité ethnoculturelle annihilait toute velléité de compréhension fraternelle à l'égard de l'Africain, de l'Arabe, de l'Indien, etc., ce n'est pas une humanité différente qui est perçue par l'orientaliste, mais plutôt une caricature d'humanité (6).

Les rares esprits qui avaient alors le courage de penser et d'agir à contre-courant de l'idéologie colonialiste étaient taxés de romantisme ou d'excentricité. En France, par exemple, les personnalités *indigénophiles* (au Parlement, dans la presse et les milieux littéraires), représentaient un courant marginal ; ils étaient loin de pouvoir constituer un groupe de pression face au puissant parti colonial (classe politique, milieux d'affaires), et au non moins puissant corps universitaire, garant de la bonne doctrine en matière de « sciences coloniales » (7).

Entre le colonial et le colonisé, entre l'orientaliste et l'Oriental, les barrières politiques et psychologiques s'établissent peu à peu. Dans la plupart des cas, les observateurs européens (voyageurs, administrateurs, missionnaires) ne sont pas tendres pour les Musulmans et pour l'Islam. Rarement, leurs analyses prennent objectivement en considération les facteurs économiques, politiques et militaires pour rendre compte des faiblesses du monde musulman devant l'expansionnisme européen. Outre la culpabilisation globale des Orientaux (ou des « Indigènes » musulmans) en tant que tels, et l'invocation de « tares » congénitalement attachées à telle race ou catégorie sociale, c'est en définitive l'Islam

(6) Cf. là-dessus Edward W. Said, Orientalism.
(7) Voir les échantillons donnés par Ph. Lucas et J.-C. Vatin dans L'Algérie des anthropologues, Paris, Maspero, 1975.

qui est tenu pour fondamentalement responsable de la situation socioculturelle des peuples musulmans.

La thèse renanienne

Tel est précisément l'argument que développera la fameuse conférence d'Ernest Renan (Sorbonne, 29 mars 1883) sur *L'Islamisme et la Science* (8), à partir d'une interrogation sur « les rapports de l'esprit scientifique et de l'islamisme ».

Au moment de sa fameuse conférence, Renan (1823-1892), professeur au Collège de France, était l'un des apôtres les plus en vue du scientisme. Il apparaissait aussi comme l'un des maîtres à penser de l'orientalisme universitaire. Spécialiste en études sémitiques, historien des religions, ses jugements en matière de culture islamique pouvaient revêtir une certaine autorité (9).

Publiée dès le lendemain dans le *Journal des Débats* (p. 2-3), cette conférence eut un retentissement dont les échos sont repérables jusqu'à nos jours. Elle donna lieu tout d'abord à un débat public entre le penseur réformiste Djamâl al-Dîn al-Afghani et Renan, à travers le *Journal des Débats* (18-19 mai 1883). La réponse d'al-Afghani esquisse l'argumentation que l'idéologie islamique opposera systématiquement au discours de l'orientalisme ; elle préfigure tout un courant de réflexion critique (et autocritique) sur la situation morale et socioculturelle des peuples musulmans au seuil de l'époque contemporaine.

La position de Renan au sujet de l'Islam trouve son éclairage dans le climat de l'opinion française des années 80 du siècle dernier. L'actualité politique (débats sur les questions coloniales) et littéraire commençait à éveiller la curiosité française aux réalités islamiques. La vision qui s'en dégage est, du point de vue européen, doublement décevante : soit qu'elle mette en relief un état de décadence, soit qu'elle reflète le désarroi des sociétés musulmanes aux prises avec les premiers assauts de la modernité.

(8) Cf. Œuvres complètes de Ernest Renan, Paris, Calmann-Lévy, 1947, t. Ier, p. 944-960.

(9) Cf. son essai historique sur Averroès et l'Averroïsme (1955), 3e éd. rev. et augm., Paris, Lévy, 1866.

Pour sa part, Renan propose une vision du monde musulman toute chargée de négativité. Elle se résume dans ce constat on ne peut plus sévère : « *Toute personne un peu instruite des choses de notre temps voit clairement l'infériorité actuelle des pays musulmans, la décadence des Etats gouvernés par l'Islam, la nullité intellectuelle des races qui tiennent uniquement de cette religion leur culture et leur éducation* » (*OC*, t. I, p. 946). Ce principe étant posé comme une vérité d'évidence, Renan s'attache à l'illustrer par une interprétation personnelle de l'histoire religieuse et culturelle du monde musulman.

Et de conclure : *a)* A propos de la culture élaborée en pays d'Islam : « *Ce beau mouvement d'études est tout entier l'œuvre de... chrétiens, de juifs (...), de musulmans intérieurement révoltés contre leur propre religion. Il n'a recueilli des musulamns orthodoxes que des malédictions.* » *b)* A propos de l'Islam en général : « *L'islamisme a de belles parties comme religion (...) mais, pour la raison humaine, l'islamisme n'a été que nuisible (...). Il a fait des pays qu'il a conquis un champ fermé à la culture rationnelle de l'esprit* » (p. 956-957).

L'islamisme, contraire à l'esprit scientifique ; la foi et les dogmes de l'Islam, incompatibles avec la recherche rationnelle de la vérité ; la mentalité musulmane, inapte à assumer le progrès : telles apparaissent les lignes directrices de la thèse renanienne. Bien que certaines de ces formulations rejoignent les critiques prises à leur compte par les réformistes, les intellectuels musulmans réagirent vigoureusement contre l'argumentation de Renan, qui leur paraissait de nature à conforter l'idéologie colonialiste. Car une fois décrétées la « *nullité intellectuelle* » et l' « *infériorité morale* » des peuples musulmans — dont la plupart étaient alors sous tutelle européenne —, il est aisé de justifier le principe de la mission civilisatrice de l'Occident.

L'expansionnisme européen de la fin du XIXe siècle trouvera dans le discours de type renanien son support idéologique et son alibi moral.

La question coloniale donnait lieu à de vifs débats au Parlement français (affaires de Tunisie, Tonkin, Madagascar, etc.). La politique de Jules Ferry, président du Conseil (septembre 1880-novembre 1881 ; février 1883-mars 1885), invoquant le « droit des races supérieures » et leur « devoir de civilisation », sera dénoncée par les anticolonialistes. Dans un discours historique à la Chambre des Députés, Georges Clemenceau récuse en ces termes la doctrine coloniale de Jules Ferry : « *Races supérieures ! Races inférieures, c'est bientôt dit ! Pour ma part, j'en rabats singulièrement depuis que j'ai vu des savants allemands démontrer scientifiquement que la France devait être vaincue dans la guerre franco-allemande parce que le Français est d'une race inférieure à l'Allemand* » (10).

Pas plus que les libéraux et les pacifistes français, les intellectuels musulmans de l'époque n'étaient dupes des *grands principes* qu'invoquait l'idéologie coloniale. Dans un tel contexte historico-culturel, l'ambiguïté de la thèse renanienne se trouve aggravée par le fait qu'elle repose sur une analyse unilatérale, abstraction faite de la perception qu'ont les Musulmans de leur religion et de leur destin historique.

La réponse réformiste

La conférence de Renan sur *L'Islamisme et la Science* pose les principes qui présideront longtemps à la « lecture » occidentale de l'histoire et de la sociologie du monde musulman. Elle sera constamment au centre du débat qui se développera en Occident comme en Orient sur le *retard islamique*,

(10) Journal officiel de la République française, 31 juillet 1885, p. 1681.

retard que Renan impute essentiellement à l'Islam, comme religion. Tout autant que les arguments de Renan, le thème de sa conférence ne cessera d'interroger la conscience musulmane.

Pour rendre compte des réactions musulmanes face au discours renanien, on observera d'abord que, plaqués d'autorité sur une réalité socioculturelle d'une extrême diversité, les jugements de Renan paraissent excessivement réducteurs. En outre, le savant orientaliste se cantonne dans des considérations morales et privilégie les facteurs d'ordre psychologiques dans la genèse des cultures, dans le flux et reflux des civilisations. Or, comme le souligne la Charte nationale algérienne du 27 juin 1976 :

« *Le déclin du monde musulman ne s'explique pas par des causes purement morales. D'autres facteurs de nature matérielle, économique et sociale, tels que les invasions étrangères, les luttes intestines, la montée des despotismes, l'extension de l'oppression féodale et la disparition de certains circuits économiques mondiaux y ont joué un rôle déterminant. Aussi, l'éclosion des superstitions et le foisonnement des attitudes passéistes ne doivent pas être considérés comme des causes, mais plutôt comme des effets* » (11).

De leur côté, les auteurs réformistes s'attacheront à réfuter la présentation de l'Islam comme foncièrement incompatible avec l'esprit scientifique, et de là, comme la véritable cause de la régression culturelle du monde musulman. « *Nous avons usé nos plumes et notre voix*, s'écrie Rachid Rida (1865-1935), *à force d'écrire et de répéter que les malheurs des Musulmans ne peuvent être imputés à leur religion mais aux innovations qu'ils y ont introduites, et au fait qu'ils « portent » l'Islam comme une fourrure mise à l'envers* » (12).

Depuis la controverse suscitée par la conférence

(11) N.E.D., La Documentation française, n° 4348-4350, 28 déc. 1976, p. 28. Termes à peu près identiques dans la Charte nationale de 1986 : J.O.R.A., 16 février 1986, p. 109.
(12) Revue Al-Manâr, vol. 3, 1900, p. 244.

de Renan (mars-mai 1883), l'approche critique du vécu de l'Islam, dénoncée par les uns, sera applaudie par d'autres comme une œuvre salutaire et authentiquement islamique, au nom du principe coranique de l'*Obligation de prêcher le Bien et de dénoncer le Mal* (13). Une telle démarche sera constamment illustrée par des réformateurs et moralistes musulmans, soucieux de dissiper les ambiguïtés de certaines analyses consacrées à l' « Islam », ambiguïtés inévitables lorsqu'on omet d'établir les distinctions entre l'Islam historique et son message originel. Ainsi l'adage attribué au penseur libanais Chakîb Arslan (1871-1946) — *L'Islam est une chose, les Musulmans en sont une autre* — continue-t-il d'inspirer la réflexion musulmane contemporaine.

Un essai de l'Egyptien Mohammad Qotb pose cette interrogation : *Sommes-nous des Musulmans ?* (14) ; un auteur algérien se demande s'il n'est pas permis de dire aujourd'hui : « *L'Islam est une chose, les Docteurs de l'Islam en sont une autre* » (15).

Désormais, les auteurs réformistes orthodoxes — autant que les modernistes de tous bords — auront pour tâche non seulement de répondre aux thèses occidentales (jugées tantôt erronées, tantôt motivées par un parti pris dépréciatif à l'égard de l'Islam), mais également d'insuffler à leurs peuples respectifs une dynamique de changement, pour sortir de la stagnation socioculturelle et s'engager résolument dans les voies du progrès.

(13) Sur cette *Commanderie du Bien*, unanimement considérée comme la pierre angulaire de l'éthique islamique, cf. Louis Gardet, La Cité musulmane, Paris, J. Vrin, 1969, p. 184.
(14) Hal Nahnu Muslimûn ?, Le Caire, Wahba, 1961.
(15) Abdallah Cheriet, L'Islam et ses Hommes contemporains, Actes du sixième séminaire pour la connaissance de la pensée islamique, Alger, 1972, t. V, p. 72.

Chapitre V

LA QUÊTE DU PROGRÈS (1890-1920)

Sous les chocs successifs de la modernité — dans la foulée des expansions coloniales — et à la faveur d'une intense réflexion critique (et autocritique) sur le thème du *retard* islamique, la quête du progrès s'impose de proche en proche à la conscience musulmane comme une nécessité vitale. Cette prise de conscience trouvera son expression à travers un nouveau discours dont il importe de cerner les concepts directeurs.

1. **Le nouveau discours islamique.** — A partir des années 80 du XIXe siècle, dans toutes les langues de culture du monde musulman, le discours social et le discours religieux se chargent de nouveaux concepts, visant à actualiser l'idée de progrès à tous les niveaux de la vie nationale, à tous les moments de la vie communautaire.

C'est ainsi que les programmes d'action réformistes, les revendications de la jeunesse moderniste (les « Jeunes-Turcs », « Jeunes-Tunisiens », « Jeunes-Algériens », etc.), tous les modes d'expression de la pensée et de la sensibilité musulmanes dans les décennies 1890-1920 traduiront l'émergence d'une volonté collective tendue vers un certain nombre d'idéaux : la réforme, le progrès, le relèvement moral et social de la Communauté. Dans les domaines littéraire et journalistique, les titres expliciteront les nouvelles aspirations musulmanes.

Voici quelques titres de presse révélateurs de cette quête du progrès envisagé comme une marche en avant (*Taqaddum*, *Iqdâm*), un mouvement ascendant (*Taraqqî*), et un processus de réforme (arabe : *Islâh* ; turc : *Tanzîmât*) :

— *Taqaddum* : Beyrouth, 1874 ; Le Caire, 1893 ; Tunis, 1907 ; Tripoli (Syrie), 1908 ; Alep, 1910 ; Alger, 1923, etc. ;
— *Iqdâm* : Istanbul, 1890 ; Alexandrie, 1912 ; Le Caire, 1913 ; Alger, 1920, etc. ;
— *Taraqqî* : Istanbul, 1868 ; Tripoli (Libye), 1897, 1908 ; Tunis, 1905 ; Tanger, 1911, etc. ;
— *Islâh* : Le Caire, 1898, 1903, 1916 ; Singapour, 1908 ; Beyrouth, 1913 ; Tunis, 1920 ; Biskra, 1926 ; La Mekke, 1909, 1928, etc.

2. **Les associations.** — Parallèlement à l'essor de la presse réformiste et moderniste (au-dedans comme à l'étranger), la vie associative connaît une certaine vogue à travers les pays d'Islam. Partout se forment des associations pour la promotion des activités culturelles et politiques, soit sous le patronage des mouvements réformistes locaux, soit sous l'impulsion des formations d'*évolués* (étudiants, jeunes cadres de l'armée, etc.). Si les uns cherchaient simplement à éveiller l'opinion publique aux données du renouveau islamique, d'autres visaient à accélérer la dynamique sociale et politique afin d'instaurer dans les pays musulmans des institutions compatibles avec les idéaux modernes de liberté et d'égalité.

3. **Les universités.** — Grâce à la presse et aux activités d'associations de toutes sortes, le climat culturel de la renaissance islamique finit par imprégner de larges secteurs de l'opinion à travers les

pays d'Islam. La prédication réformiste aidant, les structures traditionnelles de la Cité musulmane sont peu à peu remises en cause. Les partisans des réformes (il n'est pas encore question de contestation révolutionnaire) sont de plus en plus nombreux à dénoncer les déficiences du système éducatif, surtout dans l'enseignement supérieur qui était, à quelques exceptions près, le monopole des mosquées-universités (1) et de certaines zaouïas (2).

Ainsi, pour promouvoir la diffusion du savoir moderne, des collèges, des écoles spéciales et des universités sont créés (principalement en Egypte et en Turquie) sur le modèle occidental, soit par les gouvernements nationaux, soit à l'initiative d'organismes privés ; sans oublier les établissements d'enseignement fondés par les missions étrangères (3).

Dans les décennies 1870-1920, une dizaine d'universités modernes sont fondées à travers le monde musulman : 1872, Le Caire : *Dâr al-ʿUlûm*, une sorte d'Ecole normale supérieure. 1875, Inde : l'Université d'Aligarh *(Mohammedan Anglo-Oriental College)*. 1882, Lahore : l'Université du Panjab. 1897, Beyrouth : le Collège ottoman. 1900 : l'Université d'Istanbul *(Dâr al-Funûn)*. 1908 (21 décembre), Le Caire : l'Université nationale. 1917, Hyderabad : l'Université Othmâniyya. 1915, Bakou : l'Université d'Etat d'Azerbaïdjan. 1920, Aligarh : l'Université nationale islamique.

4. **Les transformations matérielles.** — L'impact de l'enseignement secondaire et supérieur devait être renforcé par le développement des techniques

(1) Comme la célèbre mosquée-université *Al-Azhar* (Le Caire), fondée en 972.

(2) Institutions religieuses propres à certaines congrégations musulmanes.

(3) Notamment le *Syrian Protestant College* (1864), future *Université américaine de Beyrouth* (nov. 1920) ; le Séminaire établi par les Jésuites à Beyrouth (1875), qui sera érigé en Université *(Saint-Joseph)* en 1881.

véhiculées par la civilisation d'Occident. On a déjà souligné l'extension spectaculaire de la diffusion des idées (par le livre et le journal), grâce à l'essor de l'imprimerie dans les pays d'Islam. En outre, l'adoption progressive des nouveaux moyens de transport et de communications (bateau à vapeur, chemin de fer, télégraphe, postes) était de nature à favoriser les transferts culturels dans le sens Europe-monde musulman.

A cet égard il convient de mentionner l'impulsion donnée par le sultan Abd al-Hamid II (1876-1909) à la modernisation des moyens de communication dans l'Empire ottoman.

A titre d'exemple, avec l'ouverture du canal de Suez (17 novembre 1869), le développement du trafic maritime favorisera considérablement les échanges entre l'Europe et le monde musulman, et permettra à des pays « neufs », mais encore au stade agricole et pastoral, de s'ouvrir aux modèles économiques des pays à structures industrielles (4).

1870 :	27 000	passagers	1900 :	280 000	passagers
1880 :	102 000	—	1910 :	234 000	—
1890 :	160 000	—	1920 :	500 000	—

Avec l'adoption de nouveaux moyens de transport et surtout (à partir de 1900) avec l'intégration de nouvelles techniques au niveau du confort domestique (eau courante, éclairage au gaz, puis à l'électricité, etc.), on assiste à une révolution dans les mœurs des habitants des grands centres urbains. La Cité européenne moderne s'impose désormais

(4) Cf. Raymond Ch. Julien, Le trafic du canal de Suez (thèse), Rennes, 1933.

comme le modèle de l'avenir. Journalistes, écrivains et poètes se méttent à célébrer ces transformations matérielles et à chanter des hymnes à la « civilisation du bonheur ».

Dans le monde arabe en particulier, la poésie jouera un rôle important comme amplificateur des résonances affectives de la modernité. En magnifiant les *merveilles* de la civilisation nouvelle, le verbe poétique leur confère une sorte de légitimité et favorise leur intégration dans le mode de vie musulman.

5. **La jeunesse moderniste.** — La conjugaison des divers facteurs susvisés aura pour aboutissement l'émergence d'une jeunesse résolument modernisante, tant parmi les étudiants des établissements d'enseignement moderne que parmi les lettrés de formation traditionnelle. Ces aspirations modernistes étaient particulièrement sensibles dans les trois aires culturelles suivantes : monde arabe, monde turc et monde indien.

La double idéologie de la renaissance culturelle (profane) et du renouveau islamique — dans le sillage d'un Mohammad ʿAbdouh (Proche-Orient, Maghreb) ou d'un Ahmad Khan (sous-continent indien) — était relayée par une certain nombre de publications engagées, comme :

— le *Terdjümân* (1883-1918), édité à Baghče-Sarây (Crimée) par l'infatigable idéologue réformiste Ismaël Gaspirali (1851-1914) ;
— *Al-Hâdira (La Capitale)*, exprimant la tendance des milieux réformistes sadikiens (Tunis, 1888-1892) ;
— le journal *Sirât Mustaqîm (Le Droit chemin)*, Istanbul (1892-1912) ;
— la revue *Al-Manâr (Le Phare)*, tribune réformiste animée par Rachîd Ridâ (Le Caire, 1898-1935) ;
— *Al-ʿIrfân (Les Connaissances)*, périodique fondé par le publiciste chîʿite Ali Aref al-Zayn (Saïda, Liban, 1883-1914) ;
— *Al-Imâm (Le Leader)*, hebdomadaire fondé à Calcutta (1912) par le réformateur Abû l-Kalâm Azad (1888-1958).

L'audience des publications réformistes était d'autant plus large que l'opinion musulmane était déjà sensibilisée aux valeurs de progrès et de modernisme par des centaines de journaux résolument ouverts à l'esprit des temps modernes (5). La dynamique du changement et de l'innovation *(Tajdîd)* se propage rapidement dans les centres urbains. Là où une certaine animation culturelle est entretenue autour des universités et autres foyers culturels (associations, clubs, académies, etc.), le camp des modernes se renforce devant celui des « vieux turbans ». A l'occasion de telle conférence, de tel débat sur un sujet de controverse entre « passéistes » et « innovateurs », l'effervescence estudiantine finit par gagner la rue. La querelle universitaire se mue en conflit politique. La confrontation des idées cède la place à la guerre de slogans et des anathèmes. D'un côté, l'on crie au blasphème et à l'hérésie ; de l'autre, on fustige l'esprit rétrograde et l'immobilisme des traditionalistes ; on dénonce leur servilité à l'égard des régimes despotiques, voire leur allégeance aux dominations étrangères.

Peu à peu les jeunesses musulmanes prennent conscience des convergences entre les idéologies nationale et religieuse naissantes. L'esprit de réforme et de renouveau islamique apparaît indissociable de l'esprit national. Les étudiants de formation traditionnelle (azhariens, zaytouniens, etc.) finiront par récuser les cheikhs conservateurs pour rallier les maîtres réformistes — aile marchante de l'Islam libéral et fermes soutiens des causes nationales.

(5) On aura une idée de l'extrême diversité de la presse de langue arabe (par ex.) dans A. Ahmed-Bioud et autres, 3 200 revues et journaux arabes de 1865 à nos jours, Public. de la BN, Paris. 1969.

Pour les réformistes, en effet, les valeurs religieuses sont inséparables des valeurs socio-politiques (liberté, dignité, souveraineté de la Communauté islamique) : valeurs incompatibles avec la soumission aux dominations étrangères.

La jeunesse moderniste était loin de cultiver le pur idéalisme. Ses aspirations donnaient lieu parfois à des actions revendicatives précises. En 1909, les étudiants d'Al-Azhar déclenchent la grève des cours pour réclamer la modernisation des programmes et des méthodes d'enseignement. L'année suivante, les étudiants d'Al-Zaytouna (Tunis) font à leur tour la grève, dans ce même esprit. Ces grèves sentaient du reste la fronde politique. En ce début du XXe siècle, c'est une longue page de l'histoire musulmane qui est définitivement tournée. Désormais, rien ne sera plus comme avant dans l'histoire sociale et culturelle des pays d'Islam.

6. **Une génération charnière.** — Dans un monde qui commençait à émerger des profondeurs médiévales, la génération de 1890-1920 prendra une part décisive dans le processus de réorientation de la culture islamique et de conversion des mentalités. Rarement on aura vu une génération aussi vivement consciente de son rôle historique dans le processus d'émancipation sociale et politique des peuples musulmans.

Ce n'est pas fortuitement qu'un peu partout (Turquie, Egypte, Tunisie, Algérie, etc.) on voit surgir des mouvements culturels et politiques animés par des jeunes pleinement décidés à assumer leurs responsabilités nationales. On sait par exemple ce dont les Jeunes-Turcs ont été capables, à partir de 1908 : une transformation révolutionnaire des institutions et, en définitive, la destitution d'un sultan (Abd al-Hamid II) que l'on croyait tout-puissant, à raison de son absolutisme et du soutien que lui apportait le mouvement panislamiste international. De leur côté, les Jeunes-Egyptiens ne cessèrent de harceler le pouvoir britannique établi dans leur pays, jusqu'à obtenir la reconnaissance de la souveraineté de l'Etat égyptien par la Grande-Bretagne (21 février 1922). En Afrique du Nord, les Jeunes-Tunisiens et Jeunes-Algériens étaient encore numériquement et politiquement trop faibles pour constituer une sérieuse menace contre la présence française. Néanmoins, leurs revendications, affirmées à l'intérieur (6) comme à l'extérieur (7), donneront naissance à l'idéologie nationaliste qui se développera tout au long de l'entre-deux-guerres pour déboucher, au lendemain de la Seconde Guerre mondiale, sur les luttes de libération nationale.

A l'opposé des doctrinaires réformistes, les jeunes modernistes refusaient de se complaire dans un discours moralisateur. Leurs aspirations traduisaient une conscience aiguë des nécessaires transformations socioculturelles qu'exigeait la situation du monde musulman. Tantôt dans le cadre légal, par la presse, le livre, les activités associatives, tantôt par des voies clandestines, voire au sein d'organisations militantes à l'étranger (Angleterre, France, Belgique, Allemagne, Suisse), les jeunes musulmans s'emploieront à former l'opinion publique de leurs peuples et à sensibiliser leurs coreligionnaires aux réalités des temps nouveaux.

(6) Au moyen d'une intense activité journalistique aussi bien en arabe qu'en français. Cf. Christiane Souriau-Hoebrechts, La Presse maghrébine, Paris, CNRS, 1969.

(7) Comme en Suisse, dans La Revue du Maghreb : Algérie, Tunisie, Maroc, Tripolitaine, mensuel animé par Mohamed Bach-Hamba, Genève, 1916-1918.

Chapitre VI

NOUVEAUX MODÈLES SOCIOCULTURELS

La fonction culturelle et politique de la jeunesse de formation moderne a été déterminante dans l'évolution des mentalités à travers les pays d'Islam au cours des deux premières décennies du XXe siècle — période décisive dans l'histoire contemporaine du monde musulman.

Au prix d'un inlassable travail de vulgarisation, journalistes, écrivains, publicistes, hommes politiques d'avant-garde parviendront à diffuser en milieu musulman un certain nombre de modèles culturels d'inspiration occidentale. Dans la plupart des pays musulmans où les conditions sociales et politiques permettaient l'exercice d'une certaine liberté d'expression, le débat national portera sur des thèmes jusque-là étrangers ou tenus pour tabous : réformes politiques en vue de l'instauration de régimes constitutionnels ; plus large participation des élites nationales aux affaires publiques ; reconnaissance de la légitimité des organisations et partis politiques ; réformes juridiques et sociales favorables à l'émancipation de la femme musulmane.

1. **Les modèles politiques.** — Depuis le milieu du XIXe siècle, la notion de régime constitutionnel faisait son chemin dans les milieux intellectuels (sinon parmi la classe politique), en Orient comme au Maghreb. Ce phénomène s'explique par plusieurs facteurs : l'observation directe de la vie politique

européenne par les Musulmans (diplomates, voyageurs, jeunes en mission d'études) ; la diffusion progressive des modèles culturels européens dans le monde musulman, notamment au moyen des traductions et d'essais de vulgarisation portant sur la science politique et l'histoire de l'Europe moderne. Ainsi les notions de contrat social, de droits civiques, de souveraineté populaire, finiront-elles par s'imposer à la pensée musulmane.

L'intégration de l'idée constitutionnelle dans le discours et la pratique islamiques modernes peut être marquée par les étapes suivantes :

1867 : Le célèbre homme d'Etat tunisien, le général Khayr Eddine fait l'éloge du régime constitutionnel en vigueur dans certains Etats modernes. Il observe que « *les pays les plus avancés dans le domaine de la civilisation sont ceux où les institutions ont pour fondement la liberté et la constitution* » (cf. son essai *Aqwam al-Masâlik...*, 1867, p. 211) ; trad. franç. partielle sous le titre : *Réformes nécessaires aux Etats musulmans*, Paris, 1868.

1876 : Le sultan Abd al-Hamid II promulgue la *Loi fondamentale* (24 décembre) qui notamment institue un Parlement à deux chambres. Mais ledit Parlement ayant été rapidement ajourné, les partisans de réformes institutionnelles furent profondément déçus dans leurs espérances. Ces déceptions, ajoutées aux échecs du régime dans le domaine extérieur, entrent pour une large part dans la genèse de la « Révolution des Jeunes-Turcs » (juillet 1908), qui eut pour effet, entre autres, la remise en vigueur de la Constitution.

1902 : Le penseur réformiste syrien al-Kawakibi relance l'idée constitutionnelle et la justifie au regard de l'éthique originelle de l'Islam. Dans son essai précité, *Caractères du despotisme*, il pose comme antidote du pouvoir absolu le régime offrant un fondement constitutionnel à la consultation *(Choûrâ)* dans la fidélité aux principes coraniques mêmes (cf. Coran, III, 159 ; XLII, 38).

Désormais, le fait constitutionnel figurera au premier plan des aspirations politiques dans les milieux modernistes musulmans. Des partis politiques — en Orient comme au Maghreb — se définiront essentiellement par référence à l'option constitutionnelle. (Cf. le *Parti constitutionaliste libéral* en Egypte (décembre 1907), et le *Parti libéral constitutionnel* (le « Destour ») tunisien (juin 1920).) La presse arabe s'empare du terme « Constitution » *(Dustûr)* comme un slogan pour les uns, comme un mot phare pour d'autres (Le Caire, 1907 ; Jérusalem, 1913 ; etc.).

Le concept de constitution, au sens de loi fondamentale, représente un pur emprunt à la culture politique de l'Occident, et ne peut être qu'indirectement légitimé au regard de la doctrine islamique classique. A noter qu'en vertu d'un postulat entériné par un consensus de treize siècles (632-1924), le califat avait prévalu comme le modèle constitutionnel spécifique de la Cité musulmane.

Néanmoins, les élites musulmanes se feront les avocats du régime constitutionnel. Impatients de participer à la direction des affaires de leurs pays, les jeunes modernistes se sentaient frustrés dans leurs ambitions les plus chères. L'exercice du pouvoir politique (et presque autant celui du pouvoir culturel) leur était pratiquement impossible sous les tutelles étrangères et dans le cadre de l'Empire ottoman. Dans un tel contexte historique, la voie constitutionnelle leur apparaissait comme la seule compatible avec l'éthique politique de l'Islam et avec les aspirations des générations montantes, de plus en plus sensibles aux modèles socioculturels de l'Occident.

2. **Les modèles socioculturels.** — Sous la double dynamique du courant moderniste dans le sillage de la renaissance culturelle, d'une part, et du mouvement de regénération socio-religieuse sous le signe du réformisme orthodoxe des *Salafiyya*, d'autre part, les idées-forces comme évolution,

renouveau, progrès, continueront d'agir sur la conscience musulmane. Par ailleurs, la découverte de l'Europe en pleine expansion économique dans l'euphorie du scientisme et de la révolution industrielle déterminera à travers le monde musulman de profondes aspirations au développement technique et scientifique.

La génération de 1885-1915 connaît une spectaculaire accélération du progrès scientifique et technologique. C'est déjà la civilisation du XXe siècle qui s'annonce à travers une impressionnante série d'inventions et d'exploits techniques réalisés en Europe et en Amérique. Les superstitions (mais aussi bien des représentations religieuses) en milieu musulman seront ébranlées par les découvertes illustrant l'aptitude des hommes à maîtriser des forces relevant jusque-là du domaine de l' « Inconnaissable » et du surnaturel : les ondes radioélectriques (Hertz, 1887) ; la TSF (Marconi, 1896) ; l'enregistrement magnétique des sons (Poulsen, 1898) ; la mise au point du cinématographe (frères Lumière, 1895) ; sans oublier l'automobile à essence (1891) et surtout la conquête du ciel avec l'aviation (Ader, 1890 ; frères Wright, 1903). La conscience musulmane commence alors à se libérer du cocon théologique pour s'éveiller aux métamorphoses du monde.

L'euphorie du scientisme gagnera les pays musulmans les plus ouverts à la modernité (Egypte, Turquie). Des revues spécialisées (sans compter la presse d'information) participeront à la vulgarisation de la culture scientifique. Des concessions et de vastes champs d'activités seront offerts aux groupes industriels désireux d'investir dans l'Empire ottoman dont les besoins en équipements étaient considérables (communications, voies ferrées, ports, marine, industries légères, etc.). Le télégraphe, le chemin de fer, le bateau à vapeur accroîtront les échanges économiques et humains entre l'Europe et le cœur du monde musulman qu'étaient alors la Turquie et son empire. (Notons que, depuis 1885, Constantinople est reliée au réseau ferroviaire des Balkans, et par là même à l'Europe occidentale.)

Ces diverses transformations matérielles auront des répercussions non négligeables sur le paysage socioculturel du monde musulman. L'avancée de la modernité atténuera progressivement l'emprise de l'archaïsme sur le tissu social du monde islamique. L'organisation administrative, le système éducatif, le profil de la vie urbaine tendent à se rapprocher des modèles d'Occident.

De leur côté, les intellectuels modernistes de cette génération de transition (1890-1920) caressent l'espoir de voir les sociétés musulmanes accéder à cette civilisation du bonheur que faisaient miroiter les vitrines de l'Europe (on pense aux *Expositions universelles*, en particulier celles de Londres, 1890, et de Paris, 1900). Les porte-parole de ce que l'on pourrait appeler le *jeune Islam* prêchent avec enthousiasme le ralliement du monde musulman au modernisme universel, en tant que promesse de progrès moral et matériel pour l'ensemble de l'espèce humaine. Pour eux, les nations musulmanes ne sont pas moins dignes de cette promesse que les autres nations du monde évolué (Europe, Amérique, Japon), d'une part en raison de leur glorieux patrimoine de civilisation arabo-islamique, mais surtout compte tenu de leur éthique religieuse, foncièrement favorable à la recherche des conditions propres à l'épanouissement de la personne humaine.

Grâce au patient travail de tous ces agents du modernisme musulman (de l'Indonésie et de l'Inde jusqu'au Maghreb), les sociétés musulmanes archaïsantes purent enfin s'interroger sur des problèmes jusque-là rarement formulés en termes de débat à l'échelle nationale ou communautaire : défense des libertés individuelles (y compris la liberté de conscience) ; dénonciation de l'absolutisme « théocratique » indûment légitimé au nom de la doctrine islamique ; revendication de la justice sociale et de l'éducation pour tous ; réhabilitation de la recherche scientifique et de la réflexion personnelle appliquée aux données de tradition, aux institutions, au conformisme social et doctrinal bien souvent sacralisé par la conscience collective.

Idée-force religieuse, slogan moral et politique, le concept d'effort-d'interprétation-personnelle *(Ijtihâd)* constitue l'une des revendications formulées par les modernistes en termes d'urgence. La régénération de l'Islam (ambition à la fois des réformistes orthodoxes et des modernistes de tendance occidentale) passe nécessairement par l'*Ijtihâd*, comme principe de dynamique sociale et culturelle, comme tension créatrice (1). Témoin de cette exigence fondamentale de l'intelligentsia musulmane : le périodique *Idjtihad* fondé par le Turc Abdallah Djewdet à Genève (1er septembre 1904), transféré au Caire (1905) puis à Istanbul (1911).

Dans sa fameuse *Epître sur l'unitarisme* (1897), le leader réformiste égyptien Moh. ʿAbdouh (m. 1905) avait déjà dénoncé le règne stérile du conformisme *(Taqlīd)*, y compris en matière de religion. A son sens, l'authentique Islam procure à l'homme toutes les conditions requises pour « *l'émancipation de sa volonté et l'indépendance de son jugement et de sa pensée* » (p. 160 ; trad. franç., p. 109). Telle est aussi la conviction du grand penseur indien *(chīʿite)* Ameer Ali (m. 1928) :

« *Le Prophète a consacré la Raison comme la plus haute et la plus noble fonction de l'intellect humain. Ce sont nos docteurs et leurs serviles adeptes qui ont fait de l'exercice de cette faculté un péché et un crime* » (2).

(1) Cf. la monographie de Ben Salem Himmich, De la formation idéologique en Islam — Ijtihdât et histoire, Paris, Anthropos, 1980.
(2) The Spirit of Islam, p. 184.

Cet ensemble de revendications et de propositions représentait l'amorce d'une prise de conscience du monde musulman face aux mutations de l'époque contemporaine. Dans un tel contexte, les jeunes modernistes serviront de médiateurs entre les sociétés musulmanes et la civilisation nouvelle, venue d'Occident. Mais sans doute leur contribution la plus remarquable aura-t-elle été de poser devant la conscience islamique le problème de la condition féminine et son inadaptation aux réalités sociales et culturelles du XXe siècle.

3. Le thème de l'émancipation de la femme. — La question féminine en pays d'Islam n'apparaît qu'au terme d'une lente évolution des esprits au cours de la renaissance culturelle du XIXe siècle (grosso modo, 1830-1900). Cette question sera au centre du débat d'idées à travers le monde musulman jusqu'aux années 20 et continuera d'alimenter périodiquement la réflexion musulmane jusqu'à nos jours (3).

Durant treize siècles (1300 de l'hégire = 1883), le monde musulman n'eut guère à s'interroger sur la condition féminine, du moins sous l'angle juridique. Les données coraniques en la matière, combinées avec des éléments de la tradition du Prophète *(Sounna)*, le tout systématisé et juridifié par les docteurs des principales Ecoles (4) : tel est le cadre définissant le statut personnel de la femme dans la Cité musulmane (5). Les principes fondamentaux de ce statut demeurent intangibles, en tant que

(3) Nous donnons un historique de la question dans Le Réformisme musulman..., p. 315-330.
(4) Voir p. 20, n. 1.
(5) Cf. la présentation de ces divers éléments dans Mansour Fahmy, La Condition de la Femme dans la tradition et l'évolution de l'islamisme, thèse, Paris, F. Alcan, 1913.

parties intégrantes de la Révélation et de la *Sounna*, les deux sources constitutives de la Foi et de la Loi en Islam. Mais tout un arsenal de dispositions réglementaires et de normes éthiques afférentes à ce statut relèvent de facteurs culturels et socio-économiques dont l'incidence fut grande sur l'élaboration de la loi religieuse du monde musulman.

A la faveur de l'évolution des mentalités au cours de la phase de renaissance arabo-islamique, de nombreux penseurs eurent l'audace de remettre en question des croyances, des représentations collectives, un système social et juridique que l'on croyait immuables. « C'est ainsi, observe un auteur du début du siècle, que nous voyons la question de la femme se laisser manier après avoir été longtemps inabordable à cause des vestiges traditionnels et séculaires qui y demeurent attachés. En Egypte, au Caucase, dans les Indes, en Turquie et dans l'Afrique du Nord avancée, tout le monde sent la portée de la question ; on la discute ; on s'engage dans la voie de l'émancipation... » (6).

Il convient d'indiquer ici brièvement les facteurs qui firent évoluer une partie de l'opinion musulmane en faveur de l'émancipation féminine :

A) *Facteurs externes.* — a) *Le contact des cultures (Europe-Islam).* — La presse, les relations de voyages et la littérature en général contribuent tout au long du XIXe siècle à propager dans le monde musulman une vision flatteuse de la condition féminine en Occident.

b) *L'œuvre des missions chrétiennes* en terre d'Islam eut une influence indirecte sur les sociétés musulmanes en tant que telles. L'effort des missions latines et (surtout) protestantes porta essentiellement sur les communautés chrétiennes d'Orient (Arméniens en Turquie ; maronites et orthodoxes en Syrie-Liban ; coptes d'Egypte) (7), notamment au moyen de l'Ecole.

(6) M. Fahmy, La Condition de la femme..., p. 165.
(7) Cf. Erich W. Bethman, Bridge to Islam, London, 1953, p. 152.

La diffusion de l'instruction moderne en milieu féminin chrétien permit ainsi à la Libanaise chrétienne, par exemple, d'accéder à un statut social auquel ne pourra prétendre — pendant longtemps — sa compatriote de confession islamique.

B) *Facteurs internes.* — a) *La prédication réformiste* (dans le dernier quart du XIXe siècle) met l'accent sur la visée libératrice de l'Islam, sans distinction de race et de sexe, et rappelle volontiers que « la recherche du savoir est une obligation de foi pour tout musulman et toute musulmane » (parole du Prophète).

b) *L'action moderniste.* — Familiarisées avec les mœurs et la culture européennes, les jeunes modernistes étaient plus sensibles que leurs aînés aux critiques formulées en Europe au sujet de la condition féminine à travers les pays d'Islam, condition marquée par l'ignorance, la réclusion, l'asservissement aux caprices et aux passions de l'homme.

La situation dégradée de la femme musulmane apparaît dans l'optique moderniste aussi humiliante pour les Musulmans qu'indigne de l'éthique de l'Islam. Les premiers réformateurs musulmans du XIXe siècle ne dépassent pas le stade des appels à l'amélioration de la condition féminine sur un ton moralisateur et apologétique. Ce sera seulement à l'aube du XXe siècle que le monde musulman résonnera des premiers cris de révolte contre le triste sort des femmes dans les sociétés musulmanes :

a) *En Inde.* — Un disciple de Sayyid Ahmad Khan, Mumtaz Ali se fait le champion de la cause féminine. Son essai *Les Droits de la femme* (8) constitue un plaidoyer pour l'égalité sociale des sexes, sur la base d'une réforme systématique de toutes les pratiques immorales indûment associées au statut personnel de la femme dans la législation musulmane.

b) *Dans le monde arabe.* — C'est à l'Egyptien Qāsim Amīn (1863-1908), un diplômé d'Oxford, que

(8) Ḥuqūq-i Niswān, Lahore, 1898. Cf. l'exposé de ses idées dans Azīz Aḥmad, Islamic Modernism in India and Pakistan, p. 72 sq.

revient le mérite d'avoir été le premier à poser la question de l'émancipation féminine non plus en termes moraux, mais en termes idéologiques. Son manifeste historique : *Libération de la femme* (9) provoque un ébranlement socioculturel sans précédent. Un débat passionné s'instaure entre les « anciens » et les « modernes », les uns, défenseurs de l'immobilisme doctrinal et du conservatisme social, les autres, résolus à combattre les tyrannies sociales et dogmatiques, à dénoncer le juridisme des écoles traditionnelles qui se croyaient fondées à assumer — envers et contre tout — un magistère exclusif et pour ainsi dire infaillible.

Désormais, la cause féminine sera le discriminant par excellence entre les forces de progrès et les forces de tradition. Dès les premières années de ce siècle, le mouvement féministe connaît une certaine ampleur dans le monde arabe et en Turquie (parmi les « Jeunes-Turcs »). Il ne tardera pas à être animé par des femmes, parmi lesquelles on citera les Egyptiennes Malāk Hifni Nasif (1886-1918) et Hudā Cha'rāwi (1882-1947).

Ce mouvement féministe cherchera sa légitimation dans l'authenticité islamique. C'est dans la fidélité à l'éthique coranique même qu'il s'efforcera de formuler ses revendications : abolir les usages sociaux contraires aux valeurs de la « bonne et sainte parole » révélée ; récuser les normes légales ou coutumières qui n'ont point de justification dans la loi divine (cf. par exemple la question du voile et de la réclusion des femmes) ; dénoncer les pratiques abusives en contradiction avec l'esprit des données coraniques (en

(9) Taḥrīr al-Mar'a, Le Caire, 1899. Les violentes polémiques soulevées par ce livre amènent l'auteur à faire une série de mises au point sous le titre Al-Mar'a al-Jadīda (La Femme nouvelle), Le Caire, 1901.

matière de polygamie et de répudiation) ; lutter pour l'éducation et l'instruction des filles à égalité avec les garçons, conformément aux idéaux de l'islamisme.

Le féminisme sera le thème de ralliement de la génération née aux alentours de 1890 ; une génération impatiente de s'affranchir des entraves du passé aussi bien que des forces oppressives du présent. En ce début du siècle, le courant réformiste fait des progrès notables ; les partisans du modernisme gagnent du terrain ; cependant le monde musulman n'est pas près de franchir le tournant décisif de son histoire contemporaine. Néanmoins, certains signes encourageants (dont ce chapitre donne un aperçu) pouvaient justifier un optimisme raisonné, faisant dire à l'Egyptien Mansour Fahmy (un disciple de Lévy-Bruhl) :

« *L'évolution inéluctable prépare l'émancipation des opprimés, et bientôt la figure anémiée de la femme musulmane reprendra un aspect de santé et de vie, lorsque les efforts de la jeunesse amie du progrès auront réussi à assainir la société et les mœurs* » (10).

Dans l'euphorie de la première décennie du XXe siècle, les élites musulmanes se croyaient à l'aube d'un nouvel âge d'or où l'Islam, rajeuni, pourrait s'accorder sans peine avec la civilisation moderne dont ils se faisaient les avocats au sein du monde islamique. Mais cette ferveur romantique sera sans lendemain. Les rêves de réconciliation et d'harmonie entre l'Europe et l'Islam finiront par sombrer dans la tourmente de la guerre (1914-1918). Les années de crise internationale seront le point de départ d'intenses interrogations islamiques sur les visées politiques, économiques et stratégiques des Puissances européennes et, plus généralement, sur les fondements moraux de la civilisation occidentale.

(10) La Condition de la femme..., p. 166.

Chapitre VII

LE TEMPS DES ÉPREUVES

1. **Les premières désillusions.** — Le XXe siècle semblait se présenter sous d'heureux présages, du moins dans l'optique des modernistes, qui espéraient une rapide évolution du monde musulman vers le progrès et la liberté. Dans les années 1905-1913, un certain nombre d'événements d'ordre politique et socioculturel viennent plus ou moins corroborer cette espérance.

Cette décennie voit l'essor du mouvement féministe ; la formation de mouvements de lutte pour la défense de la personnalité politique et culturelle des peuples musulmans (1906, la *All India Muslim League* ; Nijni-Novgorod (août), Ier Congrès musulman de l'Empire russe, et fondation de l'*Entente musulmane*) ; naissance du mouvement « Jeunes-Tunisiens » (1906-1907) ; extension des revendications politiques (1906, en Iran, sous la pression populaire, le châh Muzaffaruddin promulgue une constitution et convoque un Parlement ; 1908, les Jeunes-Turcs contraignent le sultan Abd al-Hamid II à rétablir le régime constitutionnel et à engager des réformes) ; l'achèvement de la voie ferrée Istanbul-Médine (1900-1908), pièce maîtresse dans la stratégie panislamiste du sultan, soulève un immense enthousiasme dans le monde musulman. Dans un tout autre domaine, la victoire du Japon sur la Russie (1905) est saluée comme un argument providentiel par tous ceux qui refusaient la fatalité des dominations européennes sur l' « Orient » (à commencer par les pays d'Islam).

Mais les illusions de la jeunesse moderniste devaient être rapidement démenties par une série de déceptions et d'épreuves. En l'espace de quelques années, de graves inquiétudes s'accumulent à l'horizon de l'Occident. De son côté, l'Empire ottoman — point de mire des peuples musulmans depuis l'Inde jusqu'au Maghreb — donne des signes de déclin, miné qu'il était par les contradictions internes (antagonisme des idéologies panturquiste et panislamiste ; tensions raciales et religieuses ; etc.), et acculé par les grandes Puissances européennes à une politique défensive aggravée par l'improvisation et l'incohérence. A l'approche de la date fatidique de 1914, dans un climat de guerre froide et d'écartèlement moral, la Communauté islamique se sent entraînée malgré elle vers la catastrophe.

La décennie précédant la Première Guerre mondiale est dominée par les grandes manœuvres diplomatiques et militaires des grandes Puissances : France et Angleterre, depuis l'*Entente cordiale* (1904), d'un côté, Allemagne et Autriche de l'autre, sans oublier la Russie qui réapparaît sur la scène européenne et sur les franges septentrionales de l'Empire ottoman, après son échec en Extrême-Orient (guerre russo-japonaise de 1904-1905). Ces rivalités européennes conduiront à des coups de force dont les pays musulmans seront parfois le théâtre (par ex. le « Coup d'Agadir » en 1911).

Les risques de conflits inhérents à la situation internationale d'alors concernaient à plus d'un titre le monde musulman. Les peuples coloniaux ne pouvaient manquer d'être impliqués d'une façon ou d'une autre dans un affrontement armé entre les blocs européens. En Algérie par exemple, les préparatifs de la guerre engendrent un profond malaise au sein de la population musulmane. L'instauration du service militaire obligatoire pour les Algériens musulmans (1) soulève une vague de protestations

(1) En deux étapes : *a)* décret du 28 févr. 1911, établissant le recensement annuel ; *b)* décret du 3 févr. 1912, instituant le service militaire obligatoire (par tirage au sort ; durée : trois ans).

et entraîne l'exode de milliers de familles vers l'Orient (2).

Tandis que la situation internationale évoluait dangereusement vers un conflit général, de nouvelles poussées de l'expansionnisme européen atteignent les pays d'Islam (tableau ci-après). La Communauté musulmane se voit menacée — comme telle — par une sorte de croisade européenne infiniment plus redoutable que les croisades de l'époque médiévale.

1907 : Accord anglo-russe pour le partage de l'Iran en zones d'influence.
1900-1911 : Intervention russe dans la crise iranienne.
1911-1912 : L'Italie entreprend l'annexion de la Tripolitaine.
1912 (mars) : Le Maroc sous protectorat français (et espagnol).
1913 (mai) : Pressions russes sur la frontière de l'Iran.
1914 (octobre) : La Grèce s'empare de Salonique.
1914-1917 : Russes et Britanniques occupent l'Iran.

Dans cette phase d'évolution dramatique pour de nombreux peuples musulmans, la crédibilité des modernistes sera sérieusement ébranlée. Les partisans de l'Europe et de ses modèles culturels auront du mal à légitimer leurs positions, surtout au regard des populations durement éprouvées dans leur dignité et leur liberté du fait de l'hégémonisme européen. Aussi les rêves de réconciliation et d'entente entre l'Europe et l'Islam finiront-ils par sombrer dans la crise mondiale (1914-1918).

(2) Vu son ampleur et sa portée politique, cet exode fera l'objet d'une enquête officielle : Gouvernement général de l'Algérie, L'exode de Tlemcen en 1911 (Rapport Barbedette), Beaugency, 1914, 136 p.

2. Islam-Occident : la crise de confiance. — Les crises qui affecteront le monde musulman au lendemain de la Première Guerre mondiale découlent en premier lieu d'une crise de confiance à l'égard de l'Occident (autrement dit l'Europe, car les Etats-Unis d'Amérique, surtout en la personne du président Th. W. Wilson (1912-1920), incarnaient une certaine idée de la justice et de la morale internationale).

Ainsi, dès la guerre, et tout au long des années 20 et 30, en raison de leur action diplomatique et de leur politique coloniale, la Grande-Bretagne, la France et l'Italie seront soupçonnées par les Musulmans de mener une stratégie plus ou moins concertée visant à la dislocation et à la domination du monde musulman, à commencer par l'Empire ottoman qui, en dépit de ses faiblesses structurelles, était la seule puissance islamique à compter sur l'échiquier international.

Il importe ici d'évoquer certains épisodes de la politique européenne qui furent ressentis par les Musulmans à la fois comme des trahisons et de véritables dénis de justice à l'égard de la nation arabe et de la Communauté islamique tout entière.

La révolte arabe de 1916

1. Le partage de l'Empire ottoman. — Dès le début de la guerre, les négociations entre les Puissances européennes posaient le principe du démembrement final de l'Empire turc, en vue de son partage en zones d'influence (cf. les divers accords anglo-franco-russes de mars-avril 1915 ; le Traité de Londres du 26 avril 1915 entre l'Italie, la Grande-Bretagne et la France). Durant les années de guerre, l'action diplomatique et militaire de ces deux dernières aura notamment pour objectif l'élimination des Turcs de l'ensemble du Proche-Orient arabe. Vu l'immensité du théâtre d'opérations, le succès d'une telle stratégie devait reposer sur la force des armes autant que sur l'action psychologique, afin de gagner la sympathie agissante des *nationalités* (Arméniens, Juifs et surtout Arabes). Dans ce dessein, les services britanniques s'employèrent à catalyser les éléments favorables à la restauration du *royaume arabe* (dont la configuration serait à déterminer à la fin des hostilités).

2. **Le chérif de La Mekke.** — Du côté arabe, un personnage était susceptible d'incarner cette cause : c'était le chérif Hussein, un émir auréolé du prestige de la famille hachémite (lignée du Prophète). Il était gouverneur des Lieux saints (province du Hedjaz) dans le cadre de l'Empire ottoman. Fort de certaines promesses britanniques (cf. la correspondance McMahon-Hussein, de juillet 1915 à mars 1916), Hussein lève l'étendard de la *Révolte arabe* contre les Turcs, avec l'espoir de se tailler un royaume couvrant les territoires arabes sous tutelle ottomane (Egypte non comprise).

Bien qu'improvisée sur un fond d'intrigues, au milieu du désarroi de l'opinion arabe (du fait de l'allégeance de beaucoup de Musulmans (sunnites) envers le sultan-calife ottoman), l'entreprise de Hussein bénéficia de l'adhésion des milieux nationalistes, qu'il s'agisse de Musulmans (déçus par le régime absolutiste et chauvin de Constantinople) ou de chrétiens (peu enclins à soutenir un régime faisant profession de *panislamisme*).

3. **Les grandes manœuvres (1917-1918).** — On ne s'attardera pas sur les épisodes de cette « Révolte arabe » de 1916, qui fut moins l'expression d'un élan populaire de libération nationale qu'une aventure politique un moment servie par la convergence d'ambitions personnelles (Hussein, Lawrence, etc.) et de visées impérialistes (du côté britannique). Les deux camps en présence, escomptant l'appui des masses arabes (que l'on croyait excédées par la tutelle ottomane), cherchèrent à légitimer leurs intérêts respectifs par des motivations d'ordre moral : libération des nationalités ; droit des Arabes à l'indépendance. Mais l'alliance anglo-arabe reposait sur un jeu complexe de calculs et d'interférences diplomatiques, liés aux fluctuations des rapports de force dans le contexte de la guerre générale.

Dès les premiers mois de 1917 (année cruciale pour le monde arabe), la Grande-Bretagne dévoile les véritables objectifs de sa politique au Proche-Orient : la mainmise sur la Palestine et la Mésopotamie, afin de s'assurer : *a)* le contrôle des Lieux saints (Jérusalem) et la coopération du sionisme international ; *b)* la maîtrise des champs pétrolifères de l'Irak, qu'un rapport de Marc Sykes (20 juin 1916) signalait déjà comme « essentiels à la puissance maritime, aérienne et industrielle de la Grande-Bretagne » (Jon Kimche, p. 45). Du même coup, se trouveraient éliminés tous obstacles sur la fameuse *route des Indes* (« de la Méditerranée au Golfe »).

Cette ambitieuse stratégie supposait l'indispensable coopération des Arabes, à commencer par le *chérif* Hussein (« roi du Hedjaz depuis le 1er janvier 1917), dont les intérêts étaient désormais liés à ceux de la Grande-Bretagne. La coalition anglo-arabe contraint rapidement les Turcs à évacuer la Palestine et la Syrie. Les troupes arabes parviennent ainsi à Damas (1er octobre 1918), avec à leur tête l'émir Faysal, fils et représentant personnel du roi Hussein.

4. **Le règne éphémère de Faysal.** — L'élimination des Turcs fit le bonheur des opposants au régime ottoman. Mais elle divisa l'opinion arabe quant aux attitudes à adopter vis-à-vis : *a)* des Anglais, regardés plutôt comme des envahisseurs ; *b)* de Faysal, considéré par les uns comme un libérateur, et par d'autres comme un opportuniste à la solde des puissances étrangères. Ce dernier parvint toutefois à composer avec les thèses nationalistes et à se faire proclamer roi par le *Congrès syrien* (7 mars 1920).

Le pouvoir de Faysal impliquait la pleine souveraineté arabe en Syrie-Palestine-Transjordanie. Une telle souveraineté était incompatible avec les visées franco-anglaises dans la région. En effet, après la capitulation de la Turquie (30 octobre 1918), Français et Anglais cherchent à consolider leurs positions respectives en Syrie et Palestine. En outre, confirmant les grandes lignes des « Accords Sykes-Picot » (1916), la *Conférence de San Remo* confie à la Grande-Bretagne un mandat sur la Palestine et la Mésopotamie, et à la France un mandat sur la Syrie et le Liban (26 mai 1920). Le mandat français devait aussitôt entraîner l'éviction de Faysal. Après une série de tractations infructueuses, ce dernier finit par céder aux ultimatums du haut-commissaire (général Gouraud). Les Français occupent Damas (25-26 juillet). Il ne restera plus à l'ex-roi qu'à prendre le chemin de l'exil (1er août).

L'échec de Faysal fut ressenti par les Arabes comme une profonde humiliation. Au surplus, l'établissement du mandat français selon un processus de conquête militaire apparaissait en flagrante contradiction avec l'esprit de la *SDN*. Ceux qui avaient caressé l'espoir d'accéder à l'indépendance par l'intermédiaire de Faysal et des Anglais (voire des Américains) se trouvaient confrontés à la dure réalité d'un pouvoir étranger résolu à éliminer par la force toute velléité de résistance politique ou militaire.

5. L'amertume des Arabes. — A l'exception des milieux chrétiens favorables à la présence française (en Syrie-Liban) et des milieux sionistes (qui espéraient étendre leur emprise en Palestine à la faveur de la présence britannique), la majorité des Arabes du Proche-Orient manifesteront une irréductible opposition au régime des mandats. Avec la ruine de leurs espérances, Syriens et Palestiniens constateront que :

a) ils n'ont été « libérés » de la tutelle ottomane que pour être assujettis à une autre tutelle étrangère ;

b) aucune des promesses faites aux Arabes n'a été vraiment honorée, comme l'atteste le triste sort du roi Faysal, abandonné par les Anglais et contraint à l'exil par les Français ;

c) le régime de mandat était en fait « synonyme de régime de colonialisme et d'asservissement » (R. Rida) ;

d) enfin, au mépris de leurs propres engagements et des sentiments unanimes des peuples arabes, les Anglais ont cru devoir disposer unilatéralement de la Palestine en vue d'y établir un « Foyer national juif ».

La « Déclaration Balfour »

1. La question sioniste. — Depuis la fin du XIXe siècle, la question sioniste est à l'ordre du jour (3). Avant 1917, les Arabes étaient loin de prendre conscience des dimensions politiques du sionisme et de son inévitable impact sur le destin du Proche-Orient. A noter cependant que, pour des motifs religieux, et jusqu'à la fin de son règne (1909), le sultan Abd al-Hamid II opposera une fin de non-recevoir aux démarches des leaders sionistes en faveur de l'immigration de colons juifs en Palestine (4).

Au cours de la Première Guerre mondiale, tandis que se dessinait la future carte du Proche-Orient en prévision du démembrement de l'Empire ottoman, les revendications sionistes se firent plus pressantes auprès des chancelleries occidentales (Grande-Bretagne, France, Etats-Unis). Avec l'effondrement de la puissance ottomane, les Arabes se trouvèrent désarmés face à l'influence grandissante du sionisme. Pour défendre leurs intérêts et leurs droits, ils ne disposaient ni de structures d'Etat, ni de porte-parole de stature internationale,

(3) Cf. le manifeste doctrinal du Hongrois Theodor Herzl, L'Etat juif, 1896 ; le Ier Congrès sioniste, Bâle, 1897.
(4) Cf. Pensées et Souvenirs de l'ex-sultan Abdul-Hamid, Paris-Neuchâtel, 1914, p. 18-19.

ni d'aucune espèce de moyen de pression. A l'inverse, les thèses sionistes, appuyées par d'éminents avocats en Europe et aux Etats-Unis, suscitèrent de nombreuses et puissantes sympathies, notamment au sein du cabinet britannique.

2. **Le Foyer national juif.** — On a déjà noté l'intérêt qu'attachait la Grande-Bretagne à la question sioniste dans le cadre de sa stratégie politique au Proche-Orient. Dans ce contexte, et parallèlement aux promesses faites aux Arabes, un soutien britannique à la cause sioniste allait de soi. D'où la fameuse « Déclaration Balfour » (du nom du secrétaire au Foreign Office, Arthur James Balfour) donnant aux sionistes l'assurance que

« *Le gouvernement de Sa Majesté envisage favorablement l'établissement en Palestine d'un Foyer national pour le Peuple juif, et (qu')il fera tout son possible pour faciliter l'accomplissement de ce projet...* » (2 novembre 1917).

Ce document préjugeait unilatéralement du statut futur de la Palestine (un an et demi avant la décision de la *Conférence de San Remo* sur les mandats) ; il était en contradiction avec les engagements moraux et diplomatiques de la Grande-Bretagne vis-à-vis des Arabes, notamment en la personne du *chérif* Hussein. Sa révélation (mai 1919) mit le comble à l'indignation des Arabes : sans eux et malgré eux, un nouveau et dramatique chapitre était ainsi ouvert dans l'histoire du Proche-Orient.

3. **La Commission King-Crane.** — Avant l'institution des mandats européens sur leurs pays, les Arabes virent un ultime espoir en la « Commission King-Crane ». Envoyée de Paris par le président Wilson pour recueillir les vœux des populations en Syrie, Palestine (et Mésopotamie) avant qu'il ne soit statué sur leur sort à la Conférence de la Paix, cette Commission enquêta pendant six semaines (mai-juillet 1919). Dans leurs conclusions, Henry C. King et Charles Crane mirent franchement l'accent sur l'opposition unanime des Arabes à l'immigration juive et aux projets de tutelle européenne sous quelque forme que ce soit. Mais après le retour de Wilson aux Etats-Unis (mi-septembre) la Conférence de la Paix se contenta de classer le Rapport King-Crane, occultant par là même les desiderata arabes que ce rapport était censé refléter.

4. **La fin des illusions.** — Avec le Traité de Versailles (23 juin 1919), outre l'Allemagne et la

Turquie, les peuples arabes devaient faire les frais de la « paix des vainqueurs ». Un an plus tard (19-26 mai), la Conférence de San Remo légalisera les arrangements territoriaux précédemment conclus entre la France et la Grande-Bretagne, aussi bien que les engagements pris par celle-ci en faveur des Juifs (Déclaration Balfour), donnant à la fois satisfaction aux Puissances mandataires et aux sionistes, au détriment des intérêts arabes.

Les accords de San Remo consacraient l'échec des principes wilsoniens, notamment au regard du droit des peuples à disposer d'eux-mêmes. Ils portaient en germe les tragiques développements de la *question palestinienne* et inauguraient pour le monde arabe une phase de longs et durs affrontements avec l'Occident.

Chapitre VIII

LA CRISE DE L'ENTRE-DEUX-GUERRES

La fin de la Première Guerre mondiale marque l'écroulement d'un ordre ancien d'un bout à l'autre de l'aire islamique. C'est d'abord la fin des mythes qui ont longtemps façonné la vision musulmane du monde, à partir d'intangibles certitudes : inviolabilité du territoire islamique *(Dâr al-Islâm)* ; supériorité absolue de la culture et de la civilisation musulmanes ; indestructible cohésion des peuples unis dans la fraternité de l'*Umma* : bref, tous les archétypes constitutifs de l'image multiséculaire d'un Islam triomphant.

Au lendemain de la guerre, les certitudes d'hier font place à d'amères réalités. Hormis la Turquie et certaines principautés arabes, les pays musulmans ont pratiquement tous perdu leur souveraineté. Le domaine de l'Islam est disloqué, investi de toutes parts, soumis aux lois et cultures étrangères. Des peuples musulmans se retrouvent, malgré eux, inféodés à des camps opposés. Incorporés dans les armées européennes, des dizaines de milliers de jeunes Musulmans (Inde, Maghreb, Afrique subsaharienne) sont amenés à combattre d'autres Musulmans (Irak, Syrie, Maroc, etc.), au nom de causes qui ne les concernaient en rien.

De l'Atlantique à l'océan Indien, en passant par les vastes territoires de l'Asie centrale, les peuples d'Islam sont réduits les uns après les autres par l'inexorable machine militaire et technologique de l'Europe. La victoire de 1918 donne aux Puissances européennes les moyens d'étendre leur expansion coloniale du XIXe siècle. Au cours des années 20, la majeure partie des pays musulmans sont absorbés dans de nouveaux empires, soit par des Puissances proclamant bien haut les valeurs de leur tradition chrétienne (Grande-Bretagne, France, Italie, Espagne), soit par les conquérants révolutionnaires russes.

Mais la conséquence la plus spectaculaire de la Première Guerre mondiale fut la destruction de l'Empire ottoman comme réalité politique. Les Arabes furent objectivement coresponsables de la chute de la puissance turque : les uns, par idéalisme et volonté d'indépendance ; les autres, par opportunisme, séduits qu'ils étaient par de flatteuses promesses européennes. Cette chute entraîna aussitôt la disparition du *Califat*, la seule institution symbolisant — sur une certaine échelle — l'unité politico-religieuse de la Communauté islamique.

Le déclin du Califat

Rappel historique. — Depuis la fin du XVIIIe siècle (Abd al-Hamid Ier), les sultans ottomans se présentaient comme titulaires du Califat, cette magistrature suprême en Islam. Ils étaient censés incarner la continuité d'une institution islamique ininterrompue depuis la mort du Prophète (632). Outre leur fonction politique à la tête de l'Empire, ils assumaient une fonction à caractère religieux comme *protecteurs des Lieux saints* (La Mekke-Médine) et défenseurs de l'islamisme. A ce titre, ils bénéficiaient d'une large audience au sein de la Communauté islamique internationale (1).

Depuis la chute de Abd al-Hamid II (1909), sous la pression du mouvement *Union et Progrès* animé par les « Jeunes-Turcs »,

(1) Hormis : *a)* l'Empire chérifien (Maroc), dont le souverain (« Commandeur des Croyants ») assumait la continuité d'une tradition califale autonome depuis le XIIe siècle (dynastie almohade) ; *b)* la Perse, de tradition chî'ite, séparée institutionnellement de l'orthodoxie majoritaire *(sunnisme)*.

le prestige de la fonction califale était considérablement amoindri. Ce déclin s'explique par plusieurs facteurs :

a) *L'échec du panislamisme* invoqué par le sultan pour légitimer le pouvoir ottoman. Dès le départ, l'idéologie panislamiste apparut comme un instrument de la politique extérieure d'Istanbul, notamment dans sa lutte contre l'influence britannique dans le monde arabe et en Inde (où les importantes minorités musulmanes étaient naturellement sensibles aux arguments de la seule grande puissance islamique de l'époque : la Turquie).

Mais cette idéologie perdait de sa crédibilité à raison des pratiques despotiques du régime ottoman. Contrecarré à l'extérieur par la diplomatie et la propagande britanniques, le panislamisme trouvera peu d'avocats à l'intérieur de l'Empire parmi la classe intellectuelle et religieuse. Bien plus, les leaders réformistes — qui représentaient l'avant-garde de la pensée islamique — étaient quasi unanimes dans leur attitude critique à l'égard du système ottoman.

b) *La défection de certains chefs arabes*, comme le *chérif* Hussein. En proclamant la « Révolte arabe » (1916), ce gouverneur de La Mekke ne pouvait évidemment justifier sa rébellion contre l'autorité califale en faisant état de ses ambitions dynastiques, ni des arrangements conclus avec la diplomatie britannique. Ainsi invoquera-t-il essentiellement des motifs d'ordre religieux : « impiété » des Jeunes-Turcs ; carences d'Istanbul en matière de politique islamique ; non-observance de la loi coranique dans le cadre du régime ottoman, etc. (cf. son Manifeste en dix points, du 5 juin 1916).

La dissidence de l'émir de La Mekke porta un coup mortel à la Turquie en guerre (depuis le 14 novembre 1914). Privée de l'argument de la cohésion islamique, la Turquie verra en outre son potentiel militaire gravement affaibli par l'hostilité des pays arabes (2). Au lieu de trouver dans ces pays d'indispensables réserves en hommes et approvisionnements, elle était obligée d'y engager d'importantes forces, déployées sur plusieurs fronts (Sinaï, Palestine, Mésopotamie, golfe Persique, Hedjaz, Yémen), à d'énormes distances des bases centrales de l'Empire.

c) *Les assauts de l'Europe.* — Bien avant le déclenchement de la Première Guerre mondiale, l'Empire ottoman avait

(2) La Turquie conservait des fidélités dans la périphérie de l'Empire : Yémen (Imâm Yahya) ; Soudan (mouvement mahdiste) ; Libye (confrérie Senoussiyya) ; Maghreb (nationalistes algéro-tunisiens acquis au panislamisme).

commencé à subir les attaques européennes. A titre d'exemple, mentionnons la guerre italo-turque (1911-1912) qui se solde, pour la Turquie, par la perte de la Tripolitaine (Traité d'Ouchy, 18 octobre 1912). Mais c'est à partir de 1914 que les *Ententes* européennes (3) organisent leur offensive diplomatique et militaire en vue d'abattre la puissance turque.

Par ailleurs, les puissances coloniales intensifient leur propagande pour gagner la neutralité bienveillante de leurs sujets musulmans, et au besoin dresser l'opinion islamique contre le régime de Constantinople. Des *muftis* furent amenés à persuader leurs coreligionnaires de rejeter toute allégeance envers le calife ottoman. La *Revue du Monde musulman* (t. 29, décembre 1914) publie un nombre impressionnant de « Recommandations aux Fidèles » et de témoignages personnels de loyalisme envers la France émanant de hauts dignitaires du « clergé » musulman et des principaux chefs de confréries maraboutiques d'Afrique occidentale (p. 7-188), d'Algérie (p. 193-246), de Tunisie (p. 265-299) et du Maroc (p. 301-366). En outre, les encouragements prodigués au *chérif* de La Mekke par les hauts représentants britanniques en Egypte (général Kitchener, puis H. McMahon) procèdent de la même volonté de saper les fondements moraux de la puissance ottomane en l'isolant sur la scène islamique internationale.

La chute du Califat

Attaqué sur tous les fronts par la coalition européenne, harcelé à l'intérieur par les minorités (Arméniens, Grecs, Juifs), par les nationalistes arabes et partisans de la famille hachémite, l'Empire s'effondre le 30 octobre 1918. Le Traité de Sèvres (10 août 1920) — « une incarnation de l'impérialisme » (George Lenczowski, p. 99) — impose à la Turquie des conditions écrasantes : amputations territoriales au profit de la Grèce, de l'Italie et des puissances mandataires (France, Grande-Bretagne) ; lourdes clauses financières ; capitulations au bénéfice des minorités et des citoyens chrétiens en général.

L'humiliation de la Turquie (et du Califat par voie de conséquence) fut durement ressentie en pays d'Islam. Mais outre qu'il exacerba le sentiment national turc et suscita le sursaut libérateur d'un Mustafa Kemal, le Traité de Sèvres sonna le glas du Califat ottoman.

(3) La *Triple Entente* (Angleterre-France-Russie), à laquelle se joindra l'Italie (Traité de Londres, 26 avril 1915) ; l'*Entente balkanique*.

Au-delà de ses aspects militaires, la défaite de la Turquie signifiait l'échec d'un système. Pour les uns, cet échec constituait un drame historique pour la Communauté musulmane tout entière ; pour d'autres, il justifiait la condamnation sans appel de l'institution califale. On vit néanmoins se former des mouvements de solidarité en faveur du Califat. A Bombay par exemple, le *Khilâfat Movment* (1918-1924) regroupa de nombreux leaders de l'Islam indien (les frères Shawkat et Muhammad Ali, Abû l-Kalâm Âzâd, Mahmûd al-Hasan), auxquels se joïndra Gandhi lui-même (mars 1920).

Dans le climat révolutionnaire de la guerre d'Indépendance (1920-1923), les nouveaux dirigeants turcs (Mustafa Kemal en tête) auront grande hâte de se débarrasser des symboles de leur défaite. La grande Assemblée nationale décide la suppression du Sultanat (2 nov. 1922) ; peu de temps après, la nouvelle Assemblée vote l'abolition du Califat (3 mars 1924).

Cet acte, le plus radicalement révolutionnaire jamais enregistré dans l'histoire politique du monde musulman, s'inscrit dans la logique de l'idéologie prônée par les théoriciens du turquisme, tels Ziyâ Gökalp (1875-1924), Ahmed Agaiev (1865-1939) et Yousouf Aktchoura (1876-1933). La nouvelle intelligentsia turque voyait le salut de la nation dans la séparation de la religion et de l'Etat. Or le Califat incarnait la fusion indissoluble du religieux et du politique. A ce titre, il était à leurs yeux fondamentalement responsable des retards et des faiblesses dont souffrait la Turquie au début du XXe siècle.

Dans ce contexte idéologique, l'abolition du Califat devait mettre fin à l'emprise cléricale paralysante, d'une part, et, d'autre part, éliminer une structure politico-religieuse foncièrement archaïsante, et par là même inapte à assumer les mutations socioculturelles vitales pour la Turquie nouvelle.

Le débat sur la question du Califat

Durant les années 20 et bien au-delà, la question du Califat sera au centre des interrogations musulmanes. D'abord, sur les responsabilités du nouveau régime républicain de Turquie ; ensuite, sur la vacance du Califat et ses répercussions sur le devenir de la Communauté islamique.

On a évoqué plus haut les conditions dramatiques dans lesquelles a eu lieu la chute du Califat. Les difficultés internes de la Turquie ne pouvaient justifier au regard du monde islamique l'abolition d' « une institution qui est l'apanage de trois cents millions de Musulmans et non de cinq à six millions de Turcs seulement » (4). Si, du point de vue de Mustafa Kemal, les mesures portant sur l'institution califale faisaient partie du plan de *réformes internes* (5), ces mesures furent interprétées à l'extérieur comme un acte de rupture de la République turque avec le reste du monde musulman (rupture accentuée ensuite par le rejet d'autres symboles : alphabet arabe ; appel à la prière en arabe ; loi coranique, etc.). D'où les sentiments d'amertume et d'hostilité qui marqueront les jugements et les attitudes de nombreux peuples musulmans à l'égard de la Turquie pendant toute la durée du régime kémaliste (1923-1950) (6).

Voyons maintenant les étapes des réactions islamiques quant au problème du Califat :

a) Passé le moment de stupeur et d'indignation provoquées par l'abolition du Califat, le monde musulman se trouva confronté à d'intenses interrogations sur le thème de la magistrature suprême en Islam. De l'avis de nombreux responsables politiques et religieux, la restauration du Califat s'imposait comme une priorité absolue. Tel était l'objectif des « Congrès du califat » : *a)* le Congrès du Caire, prévu pour mars 1925, et tenu du 13 au 19 mai 1926 ; *b)* le Congrès de La Mekke (7 juin-5 juillet 1926). Ces deux congrès furent sans résultat, tout comme le Congrès panislamique de Jérusalem (8-17 décembre 1931), qui fut dominé par la question palestinienne. Vu les intérêts politiques et dynastiques en jeu, compte tenu aussi des antagonismes idéologiques et doctrinaux (panislamisme-panarabisme, d'une part ; orthodoxie traditionnelle et wahhâbisme, d'autre part), le problème du Califat apparaissait comme la quadrature du cercle.

b) Si le modèle ottoman du Califat semblait irrémédiablement condamné, les experts commençaient à spéculer sur un nouveau type de Califat répondant aux normes idéales discernables à travers le Coran, l'éthique politique du Prophète et la pratique gouvernementale des quatre premiers califes

(4) La Tribune d'Orient (Genève), 5 avril 1924, 1re p., 2e col.

(5) Réponse de M. Kemal à Maurice Pernot, Revue des Deux Mondes, Paris, 1er févr. 1924, p. 632.

(6) Sous Mustafa Kemal, du 29 oct. 1923 à sa mort (10 oct. 1938), puis Ismet Inönü (1938-1950).

(632-661). Telle était la perspective du courant réformiste des *Salafiyya* et de son théoricien le plus en vue, Rachid Rida (m. 1935). Dans une série d'études sur la question (7), celui-ci plaide pour la restauration de l'*Imâmat* (une sorte de pontificat électif), émanation d'un pouvoir collégial assumé par les représentants autorisés de la Communauté islamique. Le souverain élu *(Imâm)* et le collège des « Grands Electeurs » forment solidairement l'Etat islamique, « *qui est le meilleur des Etats, non seulement pour les Musulmans mais l'Humanité tout entière. Cet Etat, en effet, réunit la justice, l'égalité, fait respecter les intérêts de chacun, empêche les maux, ordonne le bien, interdit le mal (...), et apporte ainsi une solution aux fléaux sociaux inhérents aux gouvernements athées et matérialistes qui ont acculé tant de sociétés au bolchevisme et à l'anarchie* » (*op. cit.*, p. 116).

Cette envolée lyrique trahissait une totale inadéquation de la doctrine sunnite aux réalités actuelles. La conception d'un Etat supranational à l'échelle de l'*Umma* relevait de la pure utopie, en un moment où les seules entités politiques musulmanes réellement indépendantes étaient la Turquie et l'Arabie du Nord, sous le pouvoir séoudite naissant. Mais, à défaut de réalisme, la thèse de Rachid Rida illustre la vitalité de la doctrine orthodoxe, qui définit l'institution califale en termes de nécessité absolue pour la Communauté islamique.

c) Avec les années — et l'apparition de nouveaux foyers de tensions et de conflits dans le monde musulman (8) —, la dimension passionnelle de l'affaire du Califat finit par s'estomper. Les doctrinaires du panislamisme n'avaient aucune solution miracle à proposer.

Entre-temps, les porte-parole de l'Islam libéral s'enhardirent à préconiser de nouvelles formules de nature à favoriser la cohésion et la solidarité islamiques. Des leaders religieux indépendants marquèrent même leur soulagement de voir le monde musulman débarrassé d'une institution devenue fantomatique et docile aux influences étrangères. Ce que beaucoup de responsables musulmans pensaient en privé, le réformateur algérien Ibn Badis (m. 1940) eut le mérite de l'exprimer tout haut dans sa revue *Al-Chihâb* (Constantine, mai 1938, p. 61) : « Les Turcs n'ont pas aboli le Califat dans son sens islamique.

(7) Le Caire, 1923 ; trad. franç. par H. Laoust, Le Califat dans la doctrine de Rašîd Ridâ..., Beyrouth, 1938, 286 p.

(8) La guerre du Rif (1925-1926) ; la tension en Palestine du fait de l'immigration juive sous le mandat britannique ; les troubles insurrectionnels en Syrie sous le mandat français (1925-1926) ; l'offensive soviétique contre l'Islam en Asie centrale (1922-1926) ; etc.

Ils ont simplement supprimé un régime qui leur était propre, et mis fin au symbole illusoire par lequel on cherchait en vain à séduire les Musulmans. »

d) Tandis que l'idée de la restauration du Califat perdaït du terrain, la réflexion islamique s'orienta par la force des choses vers des voies nouvelles. Du problème de la magistrature suprême, on en vint à s'interroger sur les principes du pouvoir en Islam. Dans un essai retentissant : *L'Islam et les fondements du pouvoir* (9), l'Egyptien Ali Abd al-Râziq fit la démonstration que la conception classique du Califat n'a pas plus de fondement dans l'Ecriture que dans l'enseignement du Prophète. Cette thèse fit scandale dans les milieux sunnites (notamment à l'Université d'Al-Azhar), car elle réduit à néant la doctrine traditionnelle définissant le Califat comme l'institution islamique par excellence, en tant qu'elle incarne l'union de la Religion et de l'Etat, conformément à l'interprétation orthodoxe des sources de l'Islam.

Presque en même temps, dans une importante thèse de doctorat (*Le Califat*, Lyon, 1926), Abd al-Râziq Sanhoury conclut à la nécessaire évolution de l'institution califale vers une forme de *SDN orientale*. De son côté, Mohammed Iqbal trouve parfaitement fondé le point de vue turc (10) établissant que, « selon l'esprit de l'Islam, le Califat ou Imâmat peut être investi dans un corps de plusieurs personnes, ou dans une assemblée élue » (*The Reconstruction...*, p. 149 ; trad., p. 170). Echappant ainsi à la logique des nationalismes et de l'impérialisme, le Califat pourrait traduire la visée originelle de l'Islam, qui est de constituer « une Société des Nations » dans laquelle les frontières politiques et les distinctions raciales sont reconnues « uniquement pour la commodité des références, et non pour restreindre l'horizon social de ses membres » (p. 151- 152).

e) A partir des années 1925-1926, le modèle du Califat *canonique* sera de plus en plus discuté, y compris dans les milieux les moins suspects de sécularisme ou d'adhésion aux valeurs socioculturelles de l'Occident.

A cet égard, c'est la position d'Ibn Badis qui illustre le mieux la tendance islamique ouverte aux réalités des temps modernes. Faisant abstraction du

(9) Le Caire, 1925 ; trad. franç. par Léon Bercher dans la Revue des Etudes islamiques, 1933, cahier III ; 1934, cahier II.

(10) Allusion à la décision de l'Assemblée nationale turque d'assumer les prérogatives du calife déchu (3 mars 1924).

Califat *canonique* et de tout autre projet politique unitaire qui prétendrait régir l'ensemble des pays d'Islam, le réformateur algérien préconise en remplacement du Califat personnel une structure collégiale permanente et de caractère œcuménique. Une telle institution assumerait de plein droit les fonctions morales et religieuses de la magistrature suprême ; tandis que les fonctions politiques, sociales et autres en seraient laissées à la compétence des Etats membres de la Communauté islamique.

1930 (7-11 mai) : Congrès eucharistique de Carthage.
1930 (16 mai) : Le « Dahir berbère » institue au Maroc des « tribunaux coutumiers » dispensés de l'application de la loi coranique *(char')*.
1933 : Répression antimusulmane en Azerbaïdjan.
1933-1937 : Troubles sanglants en Palestine.
1936 (23 mai) : Arrestations massives de leaders palestiniens.
1938 (juin) : 74 Arabes sont tués à Haïfa (Palestine).
1939 (2-8 mai) : Congrès eucharistique d'Alger.
1939 (17 mai) : Un *Livre blanc* britannique prévoit, dans un délai de dix ans, la création d'un Etat palestinien. Vagues de violences juives.

Au vu des thèses exposées ci-dessus, on imagine l'ampleur du débat islamique sur la question du Califat. Ce débat restera ouvert au cours des années 30. Il sera néanmoins supplanté au premier plan de l'actualité par d'autres problèmes, devenus plus aigus : la crise palestinienne, les entreprises missionnaires en terre d'Islam, l'agressivité anti-islamique de certains régimes coloniaux (tableau ci-dessus). L'accumulation de ces problèmes va constituer pour la Communauté islamique l'une des plus graves épreuves de son histoire.

La crise de conscience islamique

Les événements décrits dans les précédentes pages sont à l'origine de la crise morale qui a secoué le monde musulman au cours de l'entre-deux-guerres.

L'affaire du Califat a été le révélateur des problèmes islamiques : les uns, consécutifs aux pressions de l'Occident, plus que jamais assuré de la surpuissance technologique et militaire ; les autres, surgis de la civilisation nouvelle élaborée en Europe et en Amérique, et devant laquelle les peuples d'Islam se sentaient complètement démunis.

1. Le débat sur le Califat a été pour les intellectuels musulmans l'occasion de faire le bilan du monde islamique : faillite morale et politique de l'Empire ottoman qui était censé représenter l'Islam sur la scène internationale ; déchirements idéologiques entre peuples *frères* et, comme tels, appelés à donner l'exemple de la solidarité et de la mutuelle tolérance ; insuffisance des moyens mis en œuvre pour l'intégration des progrès scientifiques et techniques en vue d'édifier la nouvelle civilisation matérielle ; incohérence des réponses islamiques aux visées hégémoniques des nouveaux impérialismes (en comparaison avec la réponse indienne, sous l'impulsion d'un Gandhi) ; attitudes négatives des « docteurs de la Loi » face aux changements socioculturels liés aux phénomènes de l'urbanisation et des mutations socio-économiques (émergence de valeurs nouvelles au regard de la condition féminine, etc.).

2. La chute du Califat, en tant qu'effondrement d'un ordre ancien, aurait dû susciter d'ardentes recherches tendant à élaborer un nouvel ordre islamique. Or d'énormes énergies furent déployées soit en vue de restaurer l'ordre ancien, soit pour faire barrage aux idées novatrices. En dehors de la Turquie où, par des mesures drastiques, Mustafa Kemal a tenté de sortir sa nation des ornières du passé, les forces d'innovation furent partout frei-

nées dans le monde musulman par les pressions étrangères autant que par les pesanteurs sociologiques internes. En effet :

a) Les dominations coloniales ont objectivement renforcé les facteurs d'archaïsme parmi les sociétés musulmanes. Tout en favorisant une modernisation sélective, portant sur les secteurs vitaux pour les intérêts coloniaux (agriculture extensive, exploitations minières et forestières, voies ferrées et installations portuaires, etc.), la présence européenne a été souvent génératrice de régression économique et socioculturelle en pays d'Islam.

Ces entreprises d'assujettissement et de dépersonnalisation de centaines de millions d'hommes ont été servies par tout un arsenal de mesures politiques et juridiques : dispersion des élites (prison, exil) ; marginalisation institutionnelle des langues et cultures nationales ; rigoureuses restrictions des échanges humains et culturels entre les différents pays musulmans (y compris par un sévère contrôle des départs pour La Mekke) ; exclusion des *indigènes* des principaux circuits économiques et de la plupart des secteurs technologiques, sans parler des fonctions d'autorité.

b) A l'intérieur même des communautés musulmanes, les tendances modernistes ont été constamment découragées par les diverses forces d'inertie : les puissantes confréries religieuses à ramifications internationales (ex. : la *Tîjâniyya* en Afrique) ; le dogmatisme figé des mosquées-universités traditionnelles ; la doctrine wahhâbite — puritaine et sectaire — érigée en idéologie officielle par le pouvoir saoudien depuis le début du siècle (1912).

A noter une récente inflexion de l'idéologie officielle en Arabie Saoudite où le pouvoir cherche à se démarquer du wahhâbisme, en se réclamant du réformisme — à vocation œcuménique — des *Salafiyya*. « Nous sommes salafites, non wahhâbites », a déclaré le roi Fahd, lors de la Ire Conférence des ministres de l'Information des pays islamiques (Jeddah, 11 octobre 1988) (1).

Pour les tenants de la stricte fidélité aux dogmes traditionnels (quant au magistère de la Révélation et au statut de la Loi religieuse *(Charî'a)*), les concessions au modernisme ne sauraient justifier ni une interprétation libérale du Coran, ni une relativisation de la portée normative de la Tradition du Prophète *(Sunna)*. Tels étaient les griefs que les ulémas conservateurs (tout-puissants dans la plupart des pays d'Islam) ne cesseront de formuler contre les adeptes du modernisme *(Tajdîd)*, voire du réformisme *(Islâh)* tout au long de l'entre-deux-guerres.

Ces diverses contraintes engendreront un sentiment d'impuissance (face à l'hégémonisme européen) et de frustration (devant l'immobilisme des agents du pouvoir religieux et culturel). D'où l'apparition d'une double tendance de résignation (« pleurer en silence les malheurs de l'Islam ») et de nostalgie des temps anciens. De telles tendances se traduiront au plan religieux comme au plan littéraire par un élan de ferveur en vue d'exalter :

— *La personnalité de Mohammad :* La littérature biographique du Prophète *(Sîra)* connaît une vogue spectaculaire à partir des années 30. D'un bout à l'autre du monde musulman, des *Vies* de Mohammad se succèdent à un rythme sans précédent (Muhammad Ali, Moh. Essad Bey, M. H. Haykal, etc.).

— *Les grandes figures de l'Islam primitif :* La

1. *Al-Râbita*, revue de la Ligue islamique mondiale, La Mekke, mars-avril 1989, p. 4, sous le titre : *Salafiyyûn lâ wahhâbiyyûn*.

littérature islamique s'enrichit d'une série de biographies d'hommes et de femmes illustres parmi les Compagnons du Prophète, y compris les quatre califes orthodoxes (Abou Bakr, Omar, Othman, Ali).

Cette littérature à la fois hagiographique et apologétique ne traduit pas uniquement un repli désabusé sur un glorieux passé ; elle exprime aussi la volonté de puiser dans les grands exemples des *Salaf* un « souffle de vie » pour les sociétés musulmanes contemporaines (Ibn Badis). Ce sera là précisément l'un des principes directeurs de la pédagogie réformiste du *retour aux sources.*

Parallèlement à ces courants de réflexion éthico-sociologique, les traumatismes historiques évoqués plus haut susciteront des réactions en rupture avec : *a)* le conformisme officiel, qui offrait un argument à tous ceux qui dénonçaient la « morne stérilité de l'Islam » et l'indolence des masses musulmanes ; *b)* l'hypercriticisme occidental, inspiré tantôt par des préjugés culturels et religieux, tantôt par la logique même des idéologies coloniales ou impérialistes.

La période de l'après-guerre (années 50-60) verra une pensée musulmane engagée sur un double front, à savoir, d'une part, la lutte pour la régénération morale des peuples musulmans ; d'autre part, la défense de l'Islam contre les atteintes extérieures. Ces diverses missions mobiliseront les énergies de toute une génération impatiente de secouer le joug colonial ainsi que les forces d'inertie propres aux sociétés musulmanes. Les luttes de libération sociale et politique seront d'autant plus ardentes que la conjoncture historique de l'après-guerre (1945-1955) ouvrira au monde musulman des perspectives favorables à un *nouveau départ.*

Chapitre IX

UN NOUVEAU DÉPART

I. — Les pesanteurs sociologiques

Jusqu'au milieu du siècle, les conditions politiques et sociologiques décrites plus haut n'étaient guère favorables à une rapide évolution des peuples musulmans dans le sens du progrès et du développement. La prédominance des facteurs d'archaïsme rendait inopérantes les timides tentatives de modernisme engagées ici ou là dans les domaines de l'éducation, de l'organisation sociale, des activités économiques. Les tendances libérales (milieux journalistiques, jeunes formations politiques) se heurtaient au front de refus constitué par les cadres traditionnels des sociétés musulmanes (mosquées, confréries, universités religieuses, institutions judiciaires).

Dans le domaine intellectuel, malgré la vigoureuse impulsion donnée à la culture islamique par le mouvement réformiste (en Inde comme dans le monde arabe), les conditions étaient loin d'être propices à une réorientation décisive de la pensée musulmane. Les mentalités, imprégnées de croyances ancestrales identifiées à l'authentique credo de l'Islam, étaient foncièrement réfractaires à toute démythisation des dogmes traditionnels.

Au niveau de l'expression de la foi, les théologiens s'en tenaient quasi unanimement aux formulations classiques érigées en vérités intangibles.

Quelques essais d'interprétation libérale de la loi religieuse furent pratiquement étouffés dans l'œuf (Egypte, 1925 ; Tunisie, 1930). Une discrète adaptation moderne des thèses rationalisantes du mo'tazélisme par Moh. 'Abdouh (m. 1905) — dans son *Epître sur l'unitarisme* — fut très vite reléguée à l'arrière-plan (et seule une édition posthume expurgée sera disponible jusqu'en 1966).

Dans le domaine socioculturel, les aspirations des jeunes modernistes furent constamment contrecarrées par le pouvoir politique (très souvent de type colonial). Durant les deux premières décennies du siècle, la lutte des Jeunes-Algériens, Jeunes-Tunisiens, Jeunes-Tatars, etc., pour l'affirmation de leur identité nationale apparaît comme une réponse islamique aux dominations européennes.

En Afrique du Nord, la résistance culturelle se mue rapidement en résistance politique au lendemain de la Première Guerre mondiale. Dans une autre des grandes aires culturelles de l'Islam, l'idéologie progressiste du *jadīdisme* (depuis le début du siècle), si riche de promesses pour les Musulmans d'Europe orientale et d'Asie centrale, sera en définitive annihilée par la machine répressive russe et les purges staliniennes.

Sur les ruines du système ottoman, le kémalisme aurait pu être une voie de renouveau pour la Turquie et pour d'autres pays musulmans. Or les méthodes autoritaires de Mustafa Kemal et les outrances de sa politique anticléricale eurent pour effet de renforcer le camp des traditionalistes : sunnites classiques, wahhâbites, Frères musulmans (depuis 1929), au regard desquels l'idéologie kémaliste incarnait l'anti-Islam.

Dans le monde arabe (Machrek-Maghreb), le mouvement national-progressiste n'était pas de taille à triompher des dominations étrangères ni des forces de tradition. En l'absence de tout modèle moderne — suffisamment crédible — au sein du monde musulman, les modernistes apparaissaient tantôt comme les adeptes du kémalisme (si décrié à l'époque), tantôt comme les partisans de l'*occidentalisation*. Dans le contexte colonial, une telle position était des plus inconfortables.

En Inde, les élites musulmanes, trop absorbées par un combat politique dont devait dépendre le statut futur de leur communauté (question du Pakistan), n'étaient pas suffisamment disponibles pour la grande œuvre de *Reconstruction de la pensée religieuse de l'Islam* (Moh. Iqbal, 1934). Un tel dessein eût exigé des initiatives hardiment novatrices dans le sillage d'un Sayyid Ahmad Khan (m. 1898) ou d'un Moh. 'Abdouh (m. 1905). Mais la recrudescence du fondamentalisme et l'agressivité des doctrinaires du néo-traditionalisme (comme al-Mawdoudi, à partir de 1939), acculèrent les modernistes à des positions défensives.

Etant donné cet ensemble de facteurs, seul le courant réformiste était de nature à rallier de larges suffrages, en tant qu'il représentait la *voie moyenne*, illustrant de ce fait la vocation originelle de la Communauté (cf. Coran, II, 143). Or en ce milieu du siècle, qui devait marquer un seuil de mutations historiques pour le monde musulman, les positions réformistes n'excédaient guère le sage « criticisme conservateur » prôné par Moh. Iqbal (p. 146).

II. — La décolonisation

Les bouleversements planétaires consécutifs à la Deuxième Guerre mondiale ont prodigieusement accéléré le processus de libération à travers le monde musulman. En l'espace de quelques années, des centaines de millions d'hommes voient leur destin transformé. La plupart des pays musulmans colonisés (ou sous tutelle étrangère) accèdent à l'indépendance :

Indonésie, 1945 ; Syrie, Liban, Jordanie, 1946 ; Pakistan, 1947 ; Libye, 1951 ; Soudan, 1955 ; Maroc, Tunisie, 1956 ; Malaisie, 1957 ; Guinée, 1958 ; Mauritanie, Mali, Niger, Sénégal, Somalie, Tchad, 1960 ; Algérie, 1962. Sans oublier les pays où les Musulmans forment une importante composante nationale : Nigéria, Cameroun, Côte-d'Ivoire, Togo, 1960 ; Sierra Leone, 1961 ; Tanzanie, 1961-1964, etc.

La décennie de l'après-guerre a marqué pour bien des peuples musulmans la fin de *La Nuit coloniale* (Ferhat Abbas, 1962) ; elle ne leur a pas apporté *ipso facto* la solution de leurs problèmes qui se résument par le concept de « sous-développement ». Pour certains d'entre eux, l'indépendance politique devait être gravement hypothéquée par un néo-colonialisme économique et culturel subi — bon gré mal gré — par les nouvelles équipes dirigeantes.

Tout n'était pas rose sous *Les Soleils des indépendances* (Ahmadou Kourouma, 1970). La confiscation du pouvoir par un clan dynastique, un parti unique ou une junte militaire, n'était propice ni à l'apprentissage de la démocratie ni au progrès social. Les idéaux islamiques d'égalitarisme et de justice sociale (motivations déterminantes dans les luttes de libération nationale) se trouvaient tantôt occultés par les régimes autocratiques, tantôt évacués au profit d'idéologies étrangères à la tradition religieuse et culturelle des peuples d'Islam.

III. — Nouvelle renaissance

En dépit de conditions sociales, économiques et politiques souvent défavorables, les jeunes nations musulmanes avaient au moins la consolation d'avoir recouvré leur dignité. Avec leur souveraineté retrouvée, leur personnalité nationale restaurée, c'était la renaissance à l'espoir. Pour les Etats musulmans les plus favorisés (ou simplement les plus dynamiques), l'Indépendance ouvrait d'exaltantes perspectives et conférait des responsabilités nouvelles :

— Dans le cadre des institutions internationales (ONU, Unesco, etc.).

— Au niveau d'organisations régionales comme la *Ligue des Etats arabes* (Le Caire, 22 mars 1945), l'*Organisation de l'Unité africaine* (Addis-Abeba, 25 mai 1963).

— Au sein du *Mouvement des Pays non alignés* (cf. notamment les Conférences du Caire (1964) et d'Alger (1973)).

— Dans l'*Organisation des Pays exportateurs de Pétrole* (OPEP), fondée à Badgad (14 septembre 1960).

Sous sa forme actuelle (1988), l'OPEP constitue un organisme à prépondérance musulmane (Algérie, Arabie Séoudite, Emirats arabes unis, Indonésie, Irak, Iran, Koweit, Libye, Qatar : pays dont les parts de production totalisent 81,6 %, contre 18,4 % pour l'Equateur, le Gabon, le Nigeria et le Venezuela).

— Dans l'*Organisation de la Conférence islamique* groupant une quarantaine de pays musulmans :

La XXe Conférence islamique des ministres des Affaires étrangères (Istanbul, 24-28 muharram 1412 / 4-8 août 1991) a réuni les représentants des 44 Etats membres suivants : Afghanistan, Algérie, Arabie saoudite, Bahrein, Bangladesh, Bénin, Brunei Darussalam, Burkina Faso, Cameroun, Comores, Djibouti, Egypte, Emirats arabes unis, Gabon, Gambie, Guinée, Indonésie, Irak, Iran, Jordanie, Koweit, Liban, Libye, Malaisie, Maldives, Mali, Maroc, Mauritanie, Niger, Nigéria, Oman, Ouganda, Pakistan, Palestine (1), Qatar, Sénégal, Sierra Leone, Somalie, Soudan, Syrie, Tchad, Tunisie, Turquie, Yémen. — Plus de nouveaux membres (de la CEI) : Azerbaïdjan, Kirghizstan, Tadjikistan, Turkménistan (le Kazakhstan : membre « observateur »).

(1) Le Conseil national palestinien a proclamé l'établissement de « L'Etat de Palestine » (Alger, 15 novembre 1988).

Instances internationales, forums du Tiers Monde, conférences interislamiques (depuis le Sommet de Rabat, septembre 1969) : autant de tribunes qui permettront aux jeunes Etats musulmans d'affirmer leur identité, et favoriseront l'émergence de nouveaux leaders, attachés à la défense des causes nationales autant qu'à la formulation d'une nouvelle idéologie islamique.

IV. — Les nouveaux leaders

Au cours de l'ère postcoloniale (1950-1970), le mouvement tiers-mondiste comptera parmi ses figures de proue un certain nombre de personnalités musulmanes. Ce sont pour la plupart des hommes politiques et des chefs d'Etat, alors que la période de l'entre-deux-guerres a été marquée par la prédominance des penseurs (notamment de tendance réformiste).

A partir des années 50, on assiste à un remodelage du profil politique et culturel du monde islamique. C'est aussi le changement au niveau des symboles. La défense et l'illustration de l'Islam ne sont plus l'apanage des seuls leaders religieux. Du reste, la génération des grands réformateurs est en voie d'extinction. Les principales figures de l'Islam politique des années 30 et 40 s'estompent :

— Sultan Galiev (1880-1939) sombre dans l'oubli, après avoir incarné la résistance du *communisme national musulman* face à l'impérialisme russe.

— Mustafa Kemal (1881-1938) cesse d'être la référence exclusive de la jeunesse turque, qui cherche à sortir de son ghetto idéologique (cf. Sabine Dirks, *Islam et Jeunesse en Turquie d'aujourd'hui*, Lille-Paris, Champion, 1977).

— Mohammed Ali Jinnah (1876-1948), le *Quaïd-i-Azam* (« Guide suprême ») et père fondateur du Pakistan, est encore vivant dans la conscience de sa nation. Son enseignement et son exemple continuent d'inspirer les dirigeants soucieux d'édifier un Pakistan moderne et libéral, en dépit des obstructions et des surenchères des mouvements religieux conservateurs.

— Le roi Abd al-Aziz Ibn Séoud (1881-1953) est le dernier des grands témoins de l'histoire islamique de la première moitié du XXe siècle.

Avec Mustafa Kemal, Moh. Ali Jinnah et Ibn Séoud, c'est une page héroïque de l'histoire contemporaine de l'Islam qui est tournée. Dans les années 50-60, le monde musulman entre dans les turbulences de la décolonisation. La libération politique étant acquise pour la majorité des peuples musulmans, le combat se pose alors en termes de libération économique et d'émancipation sociale. Il s'agira de lutter contre les nouveaux impérialismes, les monopoles étrangers (compagnies maritimes, pétrolières, minières, etc.), et d'arracher les masses populaires aux fléaux du sous-développement. Ces divers affrontements avec l'Occident projetteront sur la scène internationale de nouveaux leaders : Nasser (1918-1970), Sukarno (1901-1970), Mohammed V (1909-1961), Bourguiba (né en 1903), Ayyoub Khan (1907-1974), pour ne citer que les principaux témoins de la décolonisation.

Nasser. — C'est avec la nationalisation de la Compagnie du Canal de Suez (26 juillet 1956) que le président égyptien Gamāl Abdel Nasser prend figure de héros national et acquiert une large popularité dans le monde arabe. De 1956 (Suez) jusqu'à la défaite de juin 1967, le charisme du président Nasser a subjugué la nation arabe, de l'Atlantique à l'Euphrate. Aux yeux des masses arabes longtemps humiliées, le *nassérisme* signifiait le refus des fatalités historiques. Il indiquait la voie de l'espérance.

Dans le vide idéologique des années 50-60 (les années fébriles de la décolonisation), le nassérisme apparut comme le seul discours arabe à la hauteur des circonstances. (L'idéologie syrienne de la Résurrection arabe — *Ba'th* —, apparue en

1940, est encore dans sa phase d'évolution tumultueuse. Même après l'accès du Ba'th au pouvoir à Damas (1963), cette idéologie demeurera limitée au triangle Syrie-Liban-Irak. Sa vocation laïque et strictement panarabe lui interdira tout rayonnement à l'échelle islamique.) En dehors de l'Egypte, le nassérisme avait d'irrésistibles résonances à travers le monde arabo-musulman.

Par sa stratégie tiers-mondiste (fondée sur le « neutralisme positif » et le solidarisme entre la nation arabe et les peuples d'Afrique, d'Asie et d'Amérique latine), le président Nasser visait à : 1) renforcer la position des Arabes dans leur dialogue inégal avec l'Occident ; 2) faire bénéficier le monde arabe de l'expérience acquise par les régimes avancés du Tiers Monde en matière de développement économique et social (y compris par la voie du socialisme révolutionnaire, dont les références scientifiques seront assorties d'arguments islamiques).

Le mythe nassérien nourrira la ferveur de toute une génération d'hommes politiques et de réformistes religieux pour lesquels Nasser sera le « Grand Frère » et le maître à penser. Tel sera le cas pour le premier président de la République algérienne Ahmed Ben Bella (1963-1965), et pour le leader de la Révolution libyenne, Moammar El Kadhafi.

Sukarno. — Leader incontesté de l'Indonésie indépendante (1945), le président Ahmed Sukarno a dirigé les destinées de son pays jusqu'en 1966.

Guide politique avant tout, Sukarno, se voulait le père de la nation indonésienne musulmane. La référence islamique était l'une des constantes de son discours politique, articulé autour des « Cinq Principes » *(Pantja-Sila)* : 1) nationalisme ; 2) internationalisme ; 3) consultation mutuelle (correspondant à la *Choûrâ* islamique), synonyme pour lui de démocratie représentative ; 4) sécurité sociale ; 5) foi en Dieu.

Dans le domaine extérieur, outre sa dimension tiers-mondiste (pour un ordre international fondé sur la liberté des peuples, leur droit à la justice sociale et à la paix), la politique de Sukarno a visé au renforcement des liens culturels et affectifs entre l'Indonésie et le reste du monde musulman.

Avec l'usure du pouvoir, le charisme d'Ahmed Sukarno ne suffira pas pour maintenir les équilibres sociaux. Les mouvements islamistes ne pardonneront pas à la « démocratie dirigée » de Sukarno d'avoir indirectement favorisé la montée du communisme dans le pays. Après les affrontements sanglants de septembre 1965, le vieux leader sera contraint de faire appel au général Suharto (11 mars 1966) pour sauver le régime.

Tout autant que Nasser, Sukarno figure parmi les chefs historiques du mouvement afro-asiatique dont la Conférence de Bandung (1955) a marqué l'avènement spectaculaire. Comme le nassérisme, l'idéologie formulée à Bandung inspirera de nombreux jeunes Etats musulmans en quête de références éthiques à usage interne aussi bien qu'au niveau de leurs relations extérieures.

Mohammed V. — Sultan du Maroc (1927), proclamé roi en 1957, Mohammed Ben Youssef (1909-1961) est l'un des rares souverains musulmans du XXe siècle à avoir si complètement incarné la conscience de leur nation. Les épreuves de sa déposition et de son exil (1953-1955) eurent pour effet de ressouder l'union nationale autour de son nom, devenu le symbole du Maroc en lutte pour son indépendance.

Ultime manifestation de la puissance du Protectorat, le coup de force du 23 août 1953 contre la personne du sultan — descendant du Prophète et « Commandeur des Croyants » — fut ressenti dans le monde arabo-musulman comme un défi à la nation marocaine et une injure à l'Islam. D'où les témoignages de sympathie et de respect dont Mohammed Ben Youssef fut l'objet à travers le monde islamique (et bien au-delà), durant son exil et à son retour au pouvoir (16 novembre 1955).

Figure quasi légendaire du roi « sans peur et sans reproche », Mohammed V apparaît ainsi comme un leader musulman digne d'être cité en exemple à l'échelle de l'*Umma* tout entière. Il a su administrer la preuve que la représentation de l'Islam au niveau de l'Etat n'implique pas fatalement l'institutionnalisation de l'obscurantisme et de l'intolérance.

Bourguiba. — Une autre figure charismatique : celle de Habib Bourguiba (né en 1903), héros de l'Indépendance de la Tunisie (le « Combattant suprême ») et chef d'Etat (président de la République de 1957 à la date de sa déposition (17 août 1988) par le général Zayn El-Abidine Ben Ali). Comme leader jouissant d'une incontestable légitimité, Bourguiba a pu exercer un droit de regard sur toute chose, en politique comme dans les autres domaines de la vie nationale.

Chef d'un Etat musulman, Bourguiba s'est voulu aussi le pédagogue et le guide de sa nation. A partir de ses orientations, les responsables religieux ont été amenés à donner des *fetwas* (avis ayant force de normes éthico-juridiques) à propos du jeûne de Ramadan, de la condition féminine, etc. La réforme du Code de statut personnel (1956) compte parmi ses impulsions modernistes les plus audacieuses. A l'échelle du monde musulman, Bourguiba s'est fait le champion d'un Islam ouvert aux exigences rationnelles.

Dans le sillage d'un penseur comme Moh. Abdouh (m. 1905) ou d'un homme d'action comme Mustafa Kemal (m. 1938), Habib Bourguiba revendique au nom de son peuple le droit à l'*Ijtihâd*, ou faculté d'interprétation des sources islamiques en harmonie avec l'évolution des mentalités et des mœurs dans les sociétés modernes.

Ayyoub Khan. — Chef de l'Etat pakistanais de 1958 à 1969, le maréchal Mohammed Ayyoub Khan n'a pas toujours eu la tâche facile. Une dizaine d'années après sa fondation, le Pakistan était en pleine crise de croissance et à la recherche d'une identité. Blocages sociaux dus au sous-développement, tensions idéologiques entre modernistes et intégristes, conflits sociaux exacerbés par le centralisme bureaucratique au Pakistan oriental (futur Bangladesh) : autant de facteurs d'instabilité pour le Pakistan. Le président A. Khan s'efforça d'engager son pays dans la voie des réformes démocratiques sans se laisser intimider par les surenchères démagogiques des opposants religieux (cf. les analyses qu'il donne dans son autobiographie : *Friends not Masters*, Londres, 1967).

Sous le régime d'Ayyoub Khan, le projet constitutionnel divisait profondément le pays. Le parti religieux réclamait une constitution *islamique* (autrement dit une constitution élaborée exclusivement par les ulémas et conférant à ces derniers la plénitude du pouvoir de législation et de décision). Le militaire moderniste qu'il était ne pouvait que résister aux prétentions totalitaires du parti clérical, dont le fer de lance était le mouvement *Jamāʿat-e-Islami*, animé par un fougueux polémiste : Abou l-Aʿlā al-Mawdoudi (1903-1979). Harcelé sans répit par les fondamentalistes (qui l'accusaient de laxisme religieux et d'occidentalisme), débordé par les querelles religieuses qui menaçaient de dégénérer en guerre civile, le maréchal dut céder la place à la junte militaire du général Yahya Khan (23 mars 1969). Celle-ci ne pourra ni ramener la paix sociale, ni enrayer la sécession du Pakistan oriental. Deux ans et demi plus tard (20 décembre 1971), ce sera l'effondrement de cette junte et l'émergence d'un nouveau leader, de stature internationale : Zulfikar Ali Bhutto.

Ali Bhutto. — Sans avoir eu le charisme d'un Nasser ou d'un Bourguiba, Zulfikar Ali Bhutto (1928-1979) a représenté un moment d'espoir dans l'histoire contemporaine du Pakistan.

Appelé au plus hautes charges de l'Etat après le triomphe de son mouvement (le *Parti du Peuple pakistanais*) aux élections du 7 décembre 1970, Ali Bhutto a incarné la légalité républicaine fondée sur le suffrage universel. Il a tenté de reconstruire son pays sur la base de ce credo en quatre points : 1) l'Islam est notre foi ; 2) la démocratie est notre politique ;

3) le socialisme est notre voie économique ; 4) le pouvoir appartient au peuple. Dans une sorte de course contre la montre, Bhutto accomplit une œuvre de salut public. Il restaure l'Etat, après la sécession du Pakistan oriental, parvient à trouver un arrangement honorable avec l'Inde, et un *modus vivendi* avec le nouvel Etat du Bangladesh. Par une série de réformes, il s'attache enfin à redonner confiance à son peuple profondément meurtri. Le Sommet islamique de Lahore (22 février 1974) marque la rentrée du nouveau Pakistan sur la scène internationale.

Mais peu de temps après, Ali Bhutto est renversé par un coup d'Etat militaire (4-5 juillet 1977), condamné à mort et exécuté (4 avril 1979). Ce leader de l'Islam libéral a ainsi été brisé dans son élan en vue d' « établir la démocratie et le socialisme sous la conduite de l'Islam », et d'engager sa nation dans la voie d' « un ordre nouveau (...) en harmonie avec la symphonie du Tiers Monde » (*Discours d'Islamad*, 14 avril 1972).

Le destin devait donner une revanche posthume à Z. Ali Bhutto : *a)* la mort du général Zia ul-Haqq dans l'explosion de son avion (17 août 1988), après onze ans d'un pouvoir sans partage ; *b)* sa fille, Mme Benazir Bhutto, gagne les élections législatives (16 novembre) à la tête de son mouvement (le PPP), et se voit confier la charge de Premier ministre (1er décembre). Victoire doublement prometteuse : un espoir pour la démocratie et, pour la première fois, en pays d'Islam, accession légale d'une femme aux responsabilités de chef de gouvernement. Cet état de grâce dura tout juste vingt mois : Mme B. Bhutto est brusquement congédiée par le président de la République le 6 août 1990. Mais elle fut appelée à un nouveau mandat, inauguré le 16 octobre 1993. L'expérience Benazir Bhutto représente une innovation historique dans le monde musulman. L'année suivante, le relais est pris par Mme Khaleda Zia, leader du Parti nationaliste du Bangladesh (BNP, gagnant des élections législatives du 27 février 1991), qui devient Premier Ministre le 20 mars 1991.

Le nom de Zulfikar Ali Bhutto s'inscrit dans un long martyrologe de leaders progressistes musulmans depuis les débuts de la décolonisation.

Mis à part le roi Mohammed V, les leaders que l'on vient de passer en revue appartiennent à la classe politique. Par leur profil intellectuel et leurs options en matière religieuse, ils sont de la lignée de Mustafa Kemal (moins le laïcisme radical qui caractérisait Atatürk). Les représentants de ce « quasi-kémalisme » ont partout été en concurrence, voire en conflit, avec les défenseurs d'un néo-traditionalisme qui, sous couvert de *fondamentalisme*, cherchent à freiner le changement social, au nom d'une conception légaliste et puritaine de l'Islam.

A cet égard, on fera une mention spéciale du roi d'Arabie Faysal Ibn Abd al-Aziz (1906-1975), dont la dimension religieuse — à l'échelle du monde islamique — mérite de retenir l'attention. Depuis son accession au pouvoir (1964) jusqu'à sa mort tragique (25 mars 1975), Faysal s'est consacré à deux grands desseins : à l'intérieur, la modernisation du pays ; à l'extérieur, l'affirmation de la prééminence de l'Arabie Séoudite comme puissance islamique.

Vu les capacités financières de son pays, le roi Faysal put mener une politique de présence « tous azimuts ». Pour servir à la fois les intérêts de son régime et la cause de l'Islam, il multiplia les initiatives d'ordre diplomatique, économique et religieux : participation aux projets de développement de nombreux pays musulmans d'Afrique et d'Asie ; subventions aux institutions religieuses, sociales et culturelles de ces pays ; aides aux minorités musulmanes sur tous les continents ; incitations aux projets d'intérêt commun (sur le plan technologique, scientifique, bancaire, etc.) à travers le monde musulman ; organisation de nombreuses conférences (de chefs d'Etats, de ministres, d'experts), visant à promouvoir la concertation et la coopération interislamiques.

Outre sa politique de leadership sur la scène arabe (avec le reflux diplomatique de l'Egypte sous le régime d'Anouar el-Sadate), le roi Faysal s'est fait peu à peu le porte-étendard d'un néo-panislamisme :

a) En tant que « Serviteur des Lieux saints » : en effet, La Mekke, rendez-vous annuel de pèlerins et de dirigeants de tout le monde musulman, est devenue un haut lieu de la stratégie politique du roi Faysal (et de ses successeurs). C'est aussi le siège de la *Ligue islamique mondiale* (fondée en 1962), qui est un puissant instrument de propagation de l'idéologie politique et religieuse du pouvoir séoudite.

b) En tant que porte-parole attitré des thèses musulmanes sur la question de Jérusalem (Al-Qods), surtout depuis la guerre d'octobre 1973, date à laquelle le roi Faysal mettra son prestige personnel, le crédit de son pays (notamment auprès des Etats-Unis) et l'argument de son pétrole au service du camp arabe dans le conflit du Proche-Orient. Ainsi l'affaire palestinienne deviendra-t-elle un aspect d'une cause islamique plus large, axée sur le symbole d'*Al-Qods* (Jérusalem).

On complètera ce tableau des nouveaux leaders musulmans par l'évocation de quelques personnages dont le nom est inséparable de l'histoire religieuse du monde musulman contemporain. Ce sont :

Elijah Muhammad. — Fils d'un prédicateur méthodiste de Géorgie, converti à l'Islam en 1931, Elijah Muhammad ne tarda pas à s'affirmer comme le dirigeant suprême des *Black Moslems*. En 1959, une tournée au Proche- et Moyen-Orient lui permit d'acquérir une audience internationale. Reçu avec tous les honneurs par les responsables religieux et politiques en Turquie, au Pakistan et dans les pays arabes, Elijah Muhammad se trouva ainsi consacré comme porte-parole de l'Islam afro-américain.

Toutefois les dissensions d'ordre politique (notamment avec Malik Shabbaz/Malcolm X) et des déboires financiers affaibliront la position de E. Muhammad. Son leadership spirituel ne fera que décliner dans les années 60, jusqu'à sa mort (février 1975). Sa propension à cultiver le culte de sa personnalité (en se faisant passer pour un divin messager aux Afro-Américains), ses déviations doctrinales, lui vaudront des critiques de la part des organisations islamiques orthodoxes d'Amérique du Nord. Il sera désavoué par ses propres fils dont l'un, Wallace D. Muhammad (alias Warith Deen Muhammad), finira par le supplanter comme chef spirituel de l'importante communauté islamique *(The Nation of Islam)* des Etats Unis (qui compte environ trois millions de fidèles).

Ziā ul-Dīn Bābā Khān (Babakhanov). — Haut responsable de la *Direction spirituelle des Musulmans d'Asie centrale et du Kazakhstan* (l'une des quatre directions officielles de l'Islam dans l'ex-URSS), dont le siège est à Tachkent, le mufti Babakhanov apparaît comme l'une des plus éminentes autorités morales des Musulmans d'Asie centrale.

Saisissant les opportunités offertes par la politique d'amitié affichée par l'URSS à l'égard de certains régimes arabo-musulmans (Algérie, Syrie, Libye, etc.), le mufti Babakhanov multiplie les initiatives en vue de : *a)* faire connaître la situation de l'Islam dans les *Républiques musulmanes d'URSS* ; *b)* nouer des liens entre les communautés islamiques d'Union soviétique et le reste du monde musulman. Cette « politique » est notamment servie par l'organisation de conférences internationales (comme celle de Moscou, 9-11 septembre 1980, pour la célébration du début du XVe siècle de l'hégire), et la diffusion d'une revue éditée en plusieurs langues (ouzbèque, arabe, français, anglais) : *Les Musulmans de l'Orient soviétique* (depuis 1968). À travers cette publication on peut discerner (au-delà de la phraséologie de rigueur dans le discours soviétique) la prise de conscience des Musulmans d'Asie centrale de leurs droits et de leur poids sociopolitique. En se déclarant « heureux de vivre selon les canons du Coran », mais aussi « heureux de vivre en maîtres dans leur pays », ils ne craignent pas d'affirmer « que tout succès important du peuple soviétique comporte une parcelle du travail des Musulmans de l'URSS » (*Les Musulmans de l'Orient soviétique*, n° 3, 1977, p. 1-2).

Les leaders mentionnés jusqu'ici appartiennent à l'orthodoxie (ou *sunnisme*). Quant au *chīʿisme* (principalement dans le domaine iranien, où il constitue la religion officielle), son isolement jusqu'au milieu du XXe siècle n'a pas permis à ses leaders d'avoir, à l'égal des leaders sunnites, une audience internationale.

Au lendemain de la Seconde Guerre mondiale, un courant d'œcuménisme islamique représenté à la fois par des religieux sunnites — comme l'Egyptien Mahmoud Chaltout (1893-1963), recteur d'Al-Azhar, et l'ayatollâh Husayn Bouroujirdi (1875-

1962), aboutit à la fondation au Caire d'un *Office de Rapprochement entre les Ecoles* islamiques (1949). Par ailleurs, le mouvement réformiste des *Salafiyya* comme celui des *Frères musulmans* ont trouvé des échos au sein de la classe religieuse chī'ite (en Iran, au Liban, etc.).

L'évolution de l'Iran sous le règne de Mohammad Reza Pahlavi (1941-1980) — surtout depuis la chute du ministère de Mohammad Mossadegh (juillet 1953) — a favorisé l'émergence d'une classe religieuse impatiente d'exercer son contrôle sur les affaires publiques. Les options modernistes du chah suscitent la réprobation des milieux cléricaux, autant que sa politique impériale inspirée, selon eux, d'un paganisme antéislamique (cf. les fastes de Persépolis, octobre 1971). Guidée par l'ayatollâh Rouhollâh Khomeyni (1900-4 juin 1989), l'opposition religieuse engage un processus révolutionnaire qui triomphe avec le départ du chah (janvier 1979) et l'instauration d'une *République islamique* (référendum du 30 mars 1979).

Dès lors, la révolution iranienne et l'idéologie khomeyniste sont accueillies comme une promesse de libération pour les masses déshéritées du monde arabo-musulman. Ce qui favorisera la résurgence du mouvement des *Frères musulmans* qui, bien avant l'apparition du khomeynisme, prêchait l'institutionnalisation de l'intégrisme islamique, la justice sociale et la lutte contre les dominations étrangères.

Les grands leaders évoqués ci-dessus ne résument pas à eux seuls l'histoire sociopolitique et culturelle de l'Islam contemporain. De nombreuses autres figures ont marqué d'un rayonnement plus ou moins éphémère l'évolution des peuples musulmans depuis le milieu du siècle. On citera, à titre d'exemple, les noms suivants (par ordre géographique) :

— Allāl al-Fāsī, réformateur et homme politique marocain (1907-1974) ;
— Abd al-Hamīd Ibn Bādīs (1889-1940), réformateur et leader national algérien ;

— Hasan al-Bannā' (1906-1949), fondateur et guide suprême des « Frères musulmans » (Egypte) ;
— Ahmad 'Ārif al-Zayn (1883-1960), publiciste et leader chî'ite du Liban ;
— Bediüzzaman Said Nursi (1873-1960) : leader du mouvement de ressourcement islamique en Turquie ;
— Abū l-Kalām Āzād (1888-1958) : éminent représentant du réformisme islamique en Inde ;
— Abū l-A'lā al-Mawdoudi (1903-1979) : chef de file du mouvement fondamentaliste de l'Islam indo-pakistanais ;
— Hadji Agus Salim (1889-1955), Muhammad 'Isa Anshari (1916-1969) : leaders réformistes indonésiens.

Hommes politiques, penseurs, réformateurs, les leaders que l'on vient de passer en revue se sont généralement fait les champions d'une certaine idée de l'Islam comme *principe de mouvement.* Chez les uns et les autres (réformistes, modernistes, révolutionnaires), l'argument islamique apparaît comme un facteur idéologique déterminant, soit pour légitimer leurs propres options, soit pour combattre celles de l'adversaire. Qu'il s'agisse d'options progressistes ou traditionnelles, la référence islamique est toujours invoquée dans l'intérêt du *peuple*, de la *communauté*, et dans une perspective de *libération*, tantôt à l'égard des dominations étrangères, tantôt à l'égard des influences morales et culturelles jugées incompatibles avec l'authenticité islamique.

V. — Les idéologies de libération

Durant la phase coloniale et dans la foulée de la décolonisation, l'Islam a été le fer de lance des idéologies de libération nationale. Avec l'indépendance, la plupart des régimes musulmans ont cherché dans les sources islamiques la légitimation de leur option institutionnelle et de leur projet politique.

Qu'ils invoquent une stricte fidélité au modèle islamique « idéal » (ou supposé tel), ou qu'ils réfèrent à l'esprit, plutôt qu'au juridisme de la doctrine classique, ces différents choix idéologiques et institutionnels reflètent autant de *lectures* (ou d'adaptations) des sources islamiques (Coran, tradition du Prophète). Rappelons quelques-uns de ces choix à large diffusion dans le monde musulman.

1. **L'institution républicaine.** — Au moment d'assumer leur souveraineté, un grand nombre de pays musulmans ont spontanément adopté des institutions républicaines. Certains autres ne tardèrent pas à abolir leur régime monarchique antérieur à l'Indépendance (Egypte, 23 juillet 1952 ; Tunisie, 25 juillet 1957 ; Irak, 14 juillet 1958 ; Yémen, 27 septembre 1962 ; Libye, 1er septembre 1969 ; Afghanistan, 17 juillet 1973).

Le choix républicain en pays d'Islam s'explique par plusieurs facteurs : *a)* l'exemple de la Turquie, première république musulmane ; *b)* l'attrait des modèles occidentaux ; les chefs historiques des luttes de libération nationale étaient pour la plupart formés à l'Ecole européenne (et admirateurs de Mustafa Kemal) ; *c)* le discrédit de certaines monarchies, plus ou moins compromises avec le pouvoir colonial ou complice des nouveaux impérialismes ; *d)* la conviction que l'institution islamique de la *Choûrâ* (ou régime consultatif), coïncide dans son principe et sa finalité avec l'institution démocratique du suffrage universel, comme fondement du pouvoir et garant de l'égalité des citoyens.

2. **L'option socialiste.** — Libération politique et projet socialiste apparaissent indissociables dans le programme de la plupart des mouvements nationalistes qui ont conduit les peuples musulmans à l'Indépendance.

L'idéal socialiste commence à fasciner les élites arabo-musulmanes dès les années 40 (cf. la genèse du parti *Ba'th* (Syrie), dont l'idéologie — laïque et socialisante — vise à la « résurrection » de la nation arabe et à l'exaltation de sa « mission éternelle »).

La notion de socialisme est également véhiculée dans les pays musulmans par la propagande communiste. Mais avec ses références matérialistes et sa négation des valeurs religieuses, le communisme n'aura qu'une faible diffusion dans le monde musulman, où il sera toujours perçu comme un corps étranger. (Mis à part le cas de l'Indonésie, où le Parti communiste (PKI) sera pendant vingt ans (1945-1965) l'un des principaux soutiens du régime. Cf. le slogan de Sukarbo : *Nasakom*, symbolisant l'alliance des nationalistes (NAS), de la religion (*Agama*) et des communistes (KOM).)

De son côté, le mouvement des *Frères musulmans* fera de la justice sociale l'un des objectifs prioritaires. Ses auteurs, tels Sayyid Qutb (*La Justice sociale en Islam*, Le Caire, 1952 ; trad. amér., Washington, 1953) et Mustafa al-Siba'i (*Le Socialisme de l'Islam*, Damas, 1959), proposeront un schéma socialiste à références exclusivement islamiques.

Pour acquérir droit de cité dans les pays musulmans, le socialisme a besoin d'une légitimation en termes islamiques. Les instances dirigeantes tendent à présenter les options socialistes de leur régime comme parfaitement conformes à l'esprit de la doctrine islamique. Ce type de démarche trouve sa pleine illustration dans la Charte nationale algérienne (27 juin 1976) qui proclame : « *Le socialisme, en Algérie, ne procède d'aucune métaphysique et ne se rattache à aucune conception dogmatique étrangère à notre génie national. Son édification s'identifie avec l'épanouissement des valeurs islamiques qui sont un élément constitutif fondamental de la personnalité du peuple algérien* » (p. 29).

Bien que plusieurs Etats musulmans se réclament plus ou moins explicitement du socialisme (Algérie (1), Tunisie, Libye, Egypte, Syrie, Irak, Sénégal, etc.), les différentes expériences socialistes en pays d'Islam sont trop récentes pour qu'on puisse en dégager un modèle de « socialisme musulman ». Le dénominateur commun de ces divers types de *socialisme musulman* consisterait en ceci : *a)* en termes positifs : maîtrise de l'économie nationale, en vue de combattre le sous-développement et de promouvoir la justice sociale ; *b)* en termes négatifs : rejet du capitalisme intégral et du communisme. Conformément à l'idéal coranique du *juste milieu*, le socialisme musulman veut être une voie intermédiaire entre le libéralisme sauvage et le totalitarisme communiste.

(1) La révision constitutionnelle adoptée par référendum (3 nov. 1988) fait disparaître la référence au socialisme.

Le socialisme est loin d'être accueilli partout comme la solution miracle pour les problèmes du monde musulman. Certains auteurs le rangent parmi les nombreux « -ismes » importés d'Occident, et dont la qualification islamique devrait être récusée. Fondé dans bien des cas sur la force contraignante d'un parti « unique et inique », le socialisme ne ferait qu'implanter dans les pays musulmans « une nouvelle aristocratie et une nouvelle bureaucratie » (Z. Sardar, p. 69).

3. **La voie révolutionnaire.** — Dans de nombreux pays musulmans, l'idéologie islamique officielle tend à privilégier les concepts de socialisme *(ichtirākiyya)* et de révolution *(thawra)*, en tant qu'ils expriment des valeurs inhérentes au message coranique. Dans ces mêmes pays, l'éthique de l'Islam est finalisée non pas en fonction des critères de l'orthodoxie classique (relayée aujourd'hui par les différentes formes de *fondamentalisme* (séoudien, pakistanais, etc.), ni même en fonction du réformisme moderne (qui eut son apogée durant l'entre-deux-guerres), mais conformément à la logique de la *révolution socialiste*. La *Charte nationale algérienne* précitée affirme solennellement ce principe : « *pour se régénérer, le monde musulman n'a qu'une issue : dépasser le réformisme et s'engager dans la voie de la révolution sociale* » (p. 28).

Quelle que puisse être la coloration islamique de son message, la révolution sociale emprunte ses schèmes et ses techniques à certains régimes d'Europe et du Tiers Monde. Ses modèles idéologiques n'ont objectivement de rapport : *a)* ni avec les institutions traditionnelles en pays d'Islam (féodalisme tribal, monarchies et, plus récemment, démocratie moderne, comme en Turquie) ; *b)* ni avec l'idéologie *islamiste* qui se développe depuis deux ou trois décennies, et dont la « Révolution islamique » d'Iran se présente comme l'accomplissement (1979).

à l'échelle mondiale, à raison du poids économique et politique de dizaines d'Etats membres de l'ensemble islamique. Cette dynamique de l'Islam peut être interprétée comme la résurgence d'une volonté de puissance propre à une religion conquérante, là où il s'agit simplement d'une reconquête de la liberté.

A la fois génératrices et tributaires d'un Islam militant, les idéologies de libération traduisent une aspiration des peuples musulmans à la plénitude de leur dignité. Elles nourrissent les luttes contre les injustices intérieures et les ingérences étrangères ; elles exaltent la revendication de tout ce qui constitue l'irréductible identité des peuples musulmans en tant que tels.

Ce type de revendication passe naturellement par l'affirmation du fait islamique à tous les niveaux de la vie personnelle et collective. D'où l'émergence de mouvements *islamistes* ayant pour slogan : la quête de l'*authenticité* (sous le signe du *fondamentalisme*), et pour objectif : la *réislamisation* de la société et de l'Etat.

Malgré certaines dérives récentes (sous forme de sectes *intégristes*, à visées totalitaires), les tendances islamistes ne sauraient être systématiquement taxées de fanatisme et d'intolérance. Car dans son contenu religieux même, le discours islamiste se veut porteur d'espérance : celle des peuples longtemps opprimés, et qui trouvent aujourd'hui la force de clamer leur soif de justice et de liberté.

Cette force, ils la tiennent de leur foi ; mais aussi de la prise de conscience de leurs droits et de l'importance croissante du facteur islamique dans la vie internationale.

CHAPITRE X

LA DIFFUSION DE L'ISLAM DANS LE MONDE

I. — Approche statistique

En ce début du xve siècle de son histoire (3 août 1989 = 1er de l'an 1410 de l'hégire), le monde musulman fait l'objet de bilans dans tous les domaines. Les études consacrées à la situation actuelle de l'Islam donnent des chiffres selon lesquels les Musulmans représentent environ le cinquième de la population mondiale. Qu'en est-il au juste ?

D'après les éléments statistiques disponibles, et vu l'accélération du rythme démographique à travers le Tiers Monde (y compris la majorité des peuples musulmans), l'évaluation de la population musulmane totale ne peut être qu'approximative. Cette relative imprécision tient à de multiples facteurs. Ainsi :

1) Dans l'immensité du sous-continent indien, la connaissance du nombre des Musulmans est, dans les conditions présentes, purement hypothétique (environ 80 millions, d'après les sources gouvernementales, pour 1982).

2) Dans les pays où règne une certaine rivalité d'ordre missionnaire, les sources musulmanes et chrétiennes font rarement état de chiffres concordants. Il en est de même des pays où les statistiques peuvent légitimer des revendications d'ordre politique (Liban, Ethiopie, Philippines, etc.).

3) Là où le confessionnalisme est banni par le régime, et où l'aveu d'une appartenance religieuse peut constituer un handicap au plan social et politique, le nombre de ressortissants d'origine musulmane se trouve logiquement minoré par les statistiques officielles.

4) D'une manière générale, les chiffres avancés par les organismes et auteurs musulmans sont plus élevés que les chiffres retenus (toujours avec certaines réserves) par les auteurs non musulmans.

Aperçu historique. — La population musulmane globale semble avoir plus que doublé en l'espace d'un quart de siècle (1954-1979). Voici quelques jalons dans la courbe évolutive de la population musulmane mondiale depuis les années 50 :

1954 : *L'Annuaire du monde musulman* (Louis Massignon) retient le chiffre de 365 millions (pour l'Afrique, l'Asie, l'Europe et la Diaspora — y compris en Océanie et dans le continent américain) (1).

1964 : Les estimations données par divers auteurs musulmans situent la population musulmane totale au niveau de 400 à 450 millions.

1973 : *L'Encyclopédie de l'Islam* (2) fait état d'un chiffre pouvant dépasser les 600 millions. L'existence d'une communauté islamique américaine n'y est pas prise en considération, sauf pour les émigrés en Amérique du Nord et du Sud, sans aucune donnée numérique.

1978 : Estimations de source musulmane (3) : nombre de Musulmans dans le monde : 907 millions, se répartissant comme suit : nations musulmanes, 600 millions ; minorités musulmanes, 229 millions ; territoires non indépendants (y compris les républiques musulmanes d'URSS) : 78 millions.

1987 : Les statistiques publiées par les Nations Unies (4) permettent d'évaluer le nombre de Musulmans dans le monde à 1 212 millions.

(1) 4e éd., Paris, PUF, 1955, p. 428.
(2) Leiden, E. J. Brill, t. IV (1973), art. « Islām » (J. Jomier).
(3) Ziauddin Sardar, *The Future of Muslim Civilis.*, p. 236.
(4) United Nations, World Statistics in Brief, New York, Thirteenth edition, 1990 (chiffres valables pour 1987).

1994 : A partir de la même source (5), la population musulmane globale peut être estimée à hauteur d'un milliard et demi (tableau ci-après

Répartition des Musulmans dans le monde

Ensembles géographiques ou géopolitiques	*Population musulmane en millions*
AFRIQUE	
Afrique du Nord (Grand Maghreb, Egypte)	127,580
Afrique de l'Ouest	143,415
Afrique de l'Est	122,320
Afrique centrale	27,970
Afrique australe	16,400
ASIE	
Pays arabes	84,720
Moyen-Orient (Turquie, Iran Afghanistan)	145,400
CEI (Républiques musulmanes et Fédération de Russie)	69,400
Sous-continent indien	339,100
Sud-Est asiatique	199,420
Extrême Asie	144,260
DIASPORA	
Europe	28,515
Amériques, Océanie	6,285
Total	1 454,785

Interprétation. — Ces éléments statistiques indiquent, en chiffres bruts, le poids actuel du monde musulman. Ils ne font pas ressortir les parts respectives de la progression démographique naturelle et des conversions, qu'il est difficile de cerner avec précision. Mais tels quels, ces chiffres reflètent une indéniable vitalité du monde islamique. D'où les interrogations et les hypothèses formulées à propos

(5) United Nations, *World Population 1994*, New York, (août) 1994.

de l'expansion de l'Islam à travers le monde. Pour rendre compte de ce phénomène, plusieurs explications peuvent être avancées :

1. **Le fait des conquêtes.** — Pour comprendre la situation de l'Islam dans le monde contemporain, et bien qu'il s'agisse d'une cause lointaine, on ne peut faire abstraction des conditions de sa diffusion hors de son berceau arabe. L'idée qui se présente d'abord à l'esprit est celle des *conquêtes musulmanes*.

Ces conquêtes sont constamment invoquées pour expliquer l'irrésistible expansion de l'Islam qui, en l'espace d'un siècle, a porté ses armes — sinon son message — jusqu'au bassin de l'Indus (le *Sind*), à l'est, et jusqu'au cœur de la Gaule, à l'ouest. Tout comme les *croisades* pour le christianisme, les conquêtes militaires sont inséparables de l'image historique de l'Islam (au point qu'on le voit parfois désigné comme la « religion du sabre »).

De nos jours même, le sabre et la profession de foi *(Il n'y a de dieu que Dieu / Mohammed est l'Envoyé de Dieu)* constituent l'emblème de l'Arabie Séoudite (voir le drapeau de ce pays). Or le régime séoudien — incarnation politique de la réforme wahhâbite — se veut le garant de la stricte orthodoxie. Partisans et apologistes de ce régime le présentent comme le modèle le plus fidèle à la tradition du premier âge de l'Islam, y compris dans ses visées d'ordre temporel.

L'idéologie séoudo-wahhābite n'est pas la seule à représenter cet « Islam militant » (5) dont l'émergence sur la scène mondiale constitue l'un des phénomènes majeurs de l'histoire contemporaine. Nombreux sont les mouvements de résistance (aux dominations étrangères, aux régimes nationaux tenus pour illégitimes), ou de réforme religieuse (à tendance populiste ou révolutionnaire), prompts à lancer des appels à la « guerre sainte », soit pour défendre le territoire islamique, soit pour combattre les « idéologies dissolvantes » imputées à l'Occident.

La permanence des tendances activistes en Islam moderne (cf. l'exemple des *Frères musulmans*), la multiplication des conflits armés où l'argument isla-

(5) Cf. G. H. Jansen, Militant Islam, London, Pan Books, 1979.

mique intervient comme principe de légitimation de causes contradictoires, tout cela confère une certaine crédibilité aux thèses tendant à expliquer la dynamique actuelle de l'Islam à la fois par une longue pratique historique et par une tradition doctrinale faisant droit à l'usage de la force pour la défense ou la diffusion de la foi.

2. **Le facteur politique.** — L'argument de la conquête comme moyen d'expansion de l'Islam n'a plus aucun sens aujourd'hui. Depuis le milieu du siècle dernier, la présence coloniale européenne (notamment dans le domaine africain), a freiné les forces conquérantes de l'Islam. Dans le même temps, la situation coloniale a été relativement propice à une diffusion pacifique de l'islamisme. D'abord, parce que le pouvoir colonial a cherché appui sur les chefs traditionnels musulmans, ce qui ne pouvait que favoriser leur influence. En outre, devant l'insuffisance des réponses idéologiques du milieu non musulman, l'Islam apparaissait comme la seule force apte à opposer aux hégémonies européennes une idéologie de résistance (6) en même temps qu'une alternative culturelle faisant référence à treize siècles d'histoire et de civilisation.

3. **Les facteurs socioculturels.** — La diffusion de l'Islam en Asie comme en Afrique est souvent expliquée par la facilité avec laquelle la religion musulmane peut s'adapter aux diverses traditions culturelles. L'Islam apporte une foi, une éthique ; il ne prescrit aucun modèle d'organisation sociale et politique. Ses idéaux de fraternité et de solidarité, ses exigences de justice et d'équité rejoignent les aspirations fondamentales de toutes les sociétés humaines. Le fait que l'Islam n'institue aucune forme de hiérarchie religieuse, aucun pouvoir de type clérical, et n'investit nulle personne ou classe sociale d'un

(6) Voir Martin A. Klein, Islam and Imperialism in Senegal Sine Saloum, 1847-1914, Edinburg Univ. Press, 1968.

quelconque magistère, implique que le magistère appartient à Dieu seul. Ce principe constituera le fondement d'une théologie psychologiquement et socialement libératrice.

A ces considérations d'ordre général s'ajoutent, pour certains, des considérations plus pratiques faisant ressortir la compatibilité de la morale islamique avec les coutumes locales (par exemple en matière d'éthique sexuelle). De tels arguments font partie de la vision occidentale de l'expansion de l'Islam — en contraste avec celle de la diffusion du christianisme (7).

4. **Le point de vue musulman.** — Les arguments avancés de l'extérieur ne sauraient suffire pour expliquer le phénomène de l'expansion historique de l'Islam et sa poussée dans le monde d'aujourd'hui. Pour la plupart, ces arguments portent sur des aspects négatifs, à savoir la conversion par contrainte, dans la foulée des « guerres saintes » ; l'adoption de l'Islam à la fois par réaction contre le système colonial et le christianisme, et contre les cultures étrangères véhiculées par ces derniers ; l'adhésion résignée à la foi de la tribu (sinon à la « religion d'Etat »), en vertu du conformisme social.

De telles considérations illustrent l'ambiguïté des phénomènes d'islamisation collective, surtout lorsque les procédés en cause dénotent des visées dénuées de toute intention spirituelle (esclavagisme, conquête de marchés, entreprises hégémoniques à caractère politique ou culturel) (8). Néanmoins, de tels arguments ne prennent pas en compte les valeurs spécifiques de l'Islam et leur possible impact sur les consciences. *Quid* en effet des libres adhésions à la *Umma*, cette communauté proclamant une foi qui exclut les discriminations de races et de classes et institue une « nationalité spirituelle » (Lamartine) transcendant les appartenances d'ordre ethnique et politique ?

Le réformateur égyptien Mohammed ʿAbdouh a nettement défini le point de vue musulman en la matière. Récusant la thèse de la conquête par les armes (en renvoyant à l'histoire des empires chrétiens et à celle des conquêtes coloniales), il attribue la rapide diffusion de la religion musulmane « à la clarté de ses dogmes, à la facilité de ses préceptes et à l'équité

(7) Voir l'exposé de ces arguments dans Hubert Deschamps, Les Religions de l'Afrique noire, Paris, PUF, coll. « Que sais-je ? », 1970, p. 83-85.

(8) D'où les positions critiques à l'égard de l'Islam et des Arabo-Musulmans à travers la littérature néo-africaine. Cf. par ex. Yambo Ouologuem, Le Devoir de violence, Paris, Seuil, 1968.

de ses lois ». Une telle religion, pense-t-il, « se fraie un chemin jusqu'aux cœurs et pénètre les esprits, sans avoir besoin de recourir à des missionnaires qui dépensent beaucoup de temps et d'argent (...) pour capter les âmes » (9).

L'idéologie islamiste met volontiers l'accent sur la vocation libératrice de l'Islam et sur son éthique sociale foncièrement égalitaire. Elle proclame l'aptitude de l'Islam à fournir aux hommes d'aujourd'hui des réponses là où les autres religions et idéologies semblent désarmées face à la montée des totalitarismes et devant la crise morale des sociétés dominées par la frénésie de la production et de la consommation.

Ainsi s'expliquerait la progression que connaît l'Islam en Afrique, en Asie et dans le monde occidental, en dépit du faible rayonnement culturel des pays musulmans et de leur potentiel limité dans le domaine de la civilisation matérielle. Car si le monde de l'Islam n'est guère en mesure d'offrir *hic et nunc* une alternative crédible par rapport aux civilisations à haut niveau scientifique et technologique, il peut en revanche conférer une plénitude affective de nature à prémunir contre les aliénations du monde actuel. Cette plénitude affective prend source dans la foi, certes ; mais elle est constamment revivifiée par le sentiment d'appartenir à une communauté de peuples ayant un sens aigu de leur fraternité et de leur profonde solidarité historique.

II. — L'apostolat islamique dans le monde contemporain

La poussée islamique dans le monde actuel se manifeste non seulement sur la scène politique et

(9) Exposé de la religion musulmane, p. 128.

diplomatique, mais également à travers une activité missionnaire qui tend à se déployer selon des modalités d'inspiration chrétienne. Ce phénomène mérite explication, car cette forme d'apostolat constitue un fait nouveau dans l'histoire religieuse du monde musulman.

1. **L'apostolat traditionnel.** — On a vu plus haut que la force des armes ne saurait, à elle seule, expliquer la diffusion considérable de l'Islam aux premiers siècles de son histoire. Dans les lointains pays (Sud-Est asiatique, Chine, etc.), au-delà de la continuité territoriale des empires islamiques, la question de l'expansion militaire ne se pose pas ; on parlera plutôt d'une lente pénétration, favorisée soit par l'œuvre de missionnaires solitaires, soit par la dynamique des ordres religieux voués à la propagation de l'islamisme.

On méditera à ce propos la remarque de J.-H. Jansen : « C'est une histoire que celle de savoir comment de vastes étendues d'Afrique noire et des myriades d'îles d'Indonésie ont pu être gagnées à l'Islam par la piété et la force morale de vagues successives de personnalités mystiques. Cette histoire aux dimensions épiques attend encore d'être narrée. Elle le sera probablement par quelque futur romancier de génie » (10).

Si l'histoire de l'Islam n'est pas exempte de gestes missionnaires, la mission proprement dite n'a jamais pris dans le monde musulman la forme institutionnelle qu'elle a eue dans le christianisme, notamment sous l'égide de la papauté. En eux-mêmes, les enseignements coraniques ne sont pas de nature à déterminer une ardente obligation de prosélytisme. « *Point de contrainte en religion !* », proclame le Coran (II, 256), « *A vous votre religion, à moi la mienne* » (CIX, 6), « *Ce n'est pas toi qui*

(10) Militant Islam, p. 44.

guideras qui tu veux ; c'est Dieu qui guide qui Il veut » (XXVIII, 56). De tels préceptes inciteraient à laisser agir la Providence, à se fier au pouvoir mystérieux de la Parole révélée. Encore faut-il que cette Parole soit annoncée aux hommes. D'où l'idée de la nécessaire diffusion du message coranique à l'intérieur comme à l'extérieur du territoire de l'islamisme. Cette idée se renforce à l'époque moderne, en raison même de l'ampleur de l'apostolat chrétien en terre d'Islam depuis les débuts du XIXe siècle.

2. **L'éveil missionnaire du monde musulman.** — On a déjà montré (p. 28) le rôle stimulant qu'a eu dans le monde arabe le renouveau des communautés chrétiennes sous l'impulsion des missions protestantes et catholiques. Ces entreprises missionnaires n'eurent certes pas pour effet immédiat de susciter une parade musulmane, sous forme de missions destinées soit à islamiser les peuples dits païens, soit à porter la parole coranique dans les pays de tradition chrétienne (11). Néanmoins, les précurseurs de l'action missionnaire en Islam moderne n'ont pas été insensibles à l'exemple chrétien.

Parmi ces précurseurs, il faut citer le Syro-Egyptien Rachid Rida (1866-1935), l'infatigable vulgarisateur de l'enseignement réformiste de son maître Mohamme d'Abdouh, notamment à travers un important commentaire coranique — devenu l'une des références fondamentales de la pensée islamique moderne, du Maghreb jusqu'en Indonésie (12).

(11) On fera une mention spéciale du mouvement indo-pakistanais *Ahmadiyya Anjuman Ishâ'at-i Islam* (Lahore), une branche quasi orthodoxe séparée (depuis 1924) de l'organisation syncrétiste *Ahmadiyya* (ou *Qâdyâniyya*). Depuis les années 30, la AAII entretient des missions en Asie et en Europe (Londres, Berlin, etc.).

(12) Cf. l'analyse de cette œuvre dans Jacques Jomier, Le Commentaire coranique du Manâr, Paris, 1954.

Rachid Rida a été le premier dans le monde arabe à envisager la formation de missionnaires musulmans compte tenu des réalités contemporaines. Ses efforts aboutirent à la fondation d'un centre de missiologie dans l'île El-Roda (Le Caire), en mars 1912. Des candidatures y affluèrent de tous les horizons du monde islamique. Cette initiative de R. Rida et ses écrits — notamment dans sa très influente revue *Al-Manâr* — contribuèrent à familiariser l'opinion musulmane avec l'œuvre missionnaire.

La période de l'entre-deux-guerres verra apparaître un mouvement qui aura des incidences retentissantes dans la vie religieuse et politique du monde arabe à partir des années 50. Il s'agit de l'*Association des Frères musulmans*, constituée en avril 1929 (à Ismaïlia) autour d'un enseignant et prédicateur, Hasan al-Bannā (1906-1949). L'intention du fondateur et premier « guide suprême » du mouvement était de répondre à un besoin d'apostolat en milieu musulman d'Egypte. Avant même la création de l'association, H. al-Bannā avait tenté de jeter les bases d'une organisation apte à former des prédicateurs et des missionnaires. La vocation missionnaire du mouvement est affirmée en tout premier lieu dans la définition en huit points des objectifs de l'*Association des Frères musulmans* (AFM).

Dans son message au Ve Congrès de l'*AFM* (février 1939), Hasan al-Bannā définit son mouvement comme étant : 1) une *mission* faisant sien l'idéal des *Salafiyya* (voir *supra*, p. 22) ; 2) une tendance sunnite (orthodoxe) ; 3) une voie spirituelle (dans le sillage du soufisme authentique) ; 4) une formation politique ; 5) un organisme pour la promotion des activités sportives ; 6) une association à buts scientifiques et culturels ; 7) une société économique ; 8) une idéologie sociale.

Pour la réalisation de tels objectifs, le mouvement des *Frères musulmans* mettra sur pied de nombreuses structures : séminaires pour la formation de missionnaires, associations pour l'encadrement des jeunes, cercles culturels et centres de prédication religieuse, ainsi qu'une série de publications (journaux et périodiques — dont la revue *Al-Mouslimoun (Les*

Musulmans), Le Caire-Damas, 1951, puis Genève, 1961 à nos jours — et des brochures (format de poche) pour la diffusion de leur idéologie dans les couches populaires.

L'idée missionnaire faisait donc son chemin à travers le monde musulman dans la première moitié du siècle. Mais à la phase de tâtonnements succédera une prise de conscience de nouveaux impératifs de l'apostolat islamique à l'intérieur comme à l'extérieur de l'*Umma*, compte tenu à la fois des besoins de l'époque et des possibilités offertes par les techniques modernes (communication, diffusion de masse).

3. Vers un nouvel apostolat : la daʿwa. — La notion de *daʿwa* (en arabe, « appel », apostolat) n'est pas étrangère à l'esprit de l'Islam. Elle se fonde sur l'injonction coranique : « *Appelle à la voie de ton Seigneur...* » (XVI, 125). Les écoles réformistes modernes ont élaboré une véritable doctrine de l'apostolat islamique à partir de cette exhortation coranique d' « appeler à Dieu » (13). C'est au réformateur algérien Ibn Bādīs que nous emprunterons les points essentiels de cette doctrine :

« C'est une obligation pour chaque Musulman d'appeler à Dieu. Il faut prêcher et sans cesse prêcher, dût-on n'être suivi par personne. C'est Dieu qui guide ou égare ; ce qui nous incombe à nous, c'est de transmettre » *(le message coranique)*. L'auteur énumère ensuite les différentes modalités de cette mission d' « appeler à Dieu ». Nous en retiendrons celles qui réfèrent précisément à l'action missionnaire :

— « C'est *appeler à Dieu* que de manifester les arguments de l'Islam, réfuter les idées fausses entretenues à son sujet, faire connaître ses beautés parmi les non-Musulmans afin qu'ils y adhèrent, et parmi les Musulmans peu convaincus, pour les fortifier dans la foi. »

(13) Cf. notre Ibn Bādīs, Commentateur du Coran, P. Geuthner, 1971, p. 102-110.

— « *Appeler à Dieu* consiste également à organiser des missions pour les peuples non musulmans, à diffuser parmi eux, au moyen de leurs langues, les enseignements de l'Islam, à envoyer des moniteurs aux populations musulmanes illettrées pour les éclairer et les instruire dans leur religion. »

Pour Ibn Bādīs, ces différentes manières d'*appeler à Dieu* ont toutes leur principe dans la Tradition du Prophète, dans la pratique historique de ses disciples et des grandes autorités morales du premier âge de l'Islam.

Depuis les années 60, l'obligation de « transmettre le message *(Tablîgh)* apparaît comme l'une des idées-forces des auteurs musulmans. Pour les uns, il s'agira en quelque sorte de *réislamiser* leurs coreligionnaires (14). Dans ce dessein, l'effort portera sur la pratique religieuse et l'observance de la loi islamique *(Charîʿa)*. Pour d'autres, la mission religieuse consistera réellement à porter la parole de l'Islam parmi les peuples non musulmans.

L'action missionnaire islamique est encore « en recherche ». Certains auteurs préconisent des méthodes inspirées de l'expérience chrétienne dans ce domaine, en privilégiant trois types de tâches : prêcher, enseigner, soigner. D'autres invitent à dépasser le stade des « performances » individuelles, pour penser la mission en termes d'organisation « éclairée, dynamique et multidimensionnelle » (15).

Au cours des deux dernières décennies, l'œuvre missionnaire islamique s'est considérablement développée, sous l'égide de nombreuses organisations, notamment :

— Arabie Séoudite : *la Ligue islamique mondiale* (*Rābitat al-ʿAlam al-Islâmī*, La Mekke, mai 1962) ;
— Indonésie : le *Dewan Daʿwa Islamijah Indonesia (DDII)*, Office indonésien de la Mission islamique (mai 1967) ;
— Pakistan : *World Federation of Islamic Missions* (Fédération mondiale des Missions islamiques, Karachi) ;

(14) Cf. D. H. Khalid, The Phenomenon of Re-Islamization, Aussenpolitik, Hamburg, 1978, 4, p. 433-453.
(15) Cf. Muh. Fazl-ur-Rahman Ansari, The Qur'anic Foundations and Structure of Muslim Society, Karachi, 1977, vol. II, p. XXVI.

— des organismes missionnaires existent dans d'autres pays (Emirats arabes unis, Libye, etc.) ;
— en Egypte, l'Université d'Al-Azhar dispose d'un *Département de Missiologie* (islamique) ;
— le mouvement *Aḥmadiyya* (d'origine pakistanaise) entretient des missions sur tous les continents, principalement en Europe et en Amérique du Nord ;
— aux Etats-Unis, la Communauté islamique afro-américaine *(The Nation of Islam)* s'est transformée depuis 1975 en « Mission de l'Islam dans l'Ouest » *(The Mission of Islam in the West*, siège : Chicago).
— signalons enfin que le *Ier Congrès mondial de la Da'wa Islamique* s'est tenu à Khartoum (30 mars-1er avril 1981).

Le nouvel élan missionnaire que l'on observe dans le monde musulman contemporain témoigne à la fois d'une fidélité à l'Islam originel — ce que semblent exprimer les diverses tendances « fondamentalistes » — et d'une volonté d'insuffler aux sociétés musulmanes une dynamique (socioculturelle et politique) comparable à celle qui a marqué la civilisation islamique dans sa première grandeur.

Ce nouvel esprit missionnaire s'autorise en outre d'une compréhension moderne du *Jihād*, cet « effort dans la Voie de Dieu » généralement perçu de l'extérieur comme une forme d'activisme religieux débouchant fatalement sur la « guerre sainte ». L'éthique islamique contemporaine tend à mettre l'accent sur les aspects constructifs et pacifiques du *Jihād* : un combat pouvant revêtir toutes sortes d'activités sociales et culturelles, du niveau le plus humble jusqu'aux grandes causes exigeant des sacrifices, que ce soit dans l'intérêt supérieur de la Communauté ou au service de l'Humanité tout entière.
Cela étant, on ne perdra pas de vue la permanence de tendances triomphalistes pour lesquelles : *a)* par nature, l'Islam est appelé à s'étendre (adage classique) ; *b)* la Communauté islamique ne saurait abdiquer devant les épreuves historiques ni renoncer à une conception « virile » du *Jihād* (16).

(16) Fazlur Rahman, Islam, p. 37.

III. — L'Islam en marche

L'Islam est entré depuis quelques décennies dans une phase de mouvement qui le porte tantôt à se tourner vers les sources fondatrices, tantôt vers de nouveaux horizons, sous la fascination des idéologies révolutionnaires. Fondamentalisme et (ou) dynamique sociopolitique apparaissent aujourd'hui comme les références nécessaires de tout discours islamique.

Ces références se conjuguent dans les *révolutions islamiques* qui placent l'option révolutionnaire sous le signe de la fidélité aux inspirations originelles de l'Islam ; elles s'excluent l'une l'autre : *a)* dans les régimes qui privilégient le fondamentalisme dogmatique en refusant le changement social et institutionnel ; *b)* dans ceux qui invoquent la portée révolutionnaire du message islamique sans pour autant fonder leur appareil idéologique sur la tradition religieuse et culturelle de l'Islam.

Ces mêmes références constituent le soubassement idéologique de nombreuses institutions qui se donnent pour objectif à la fois de servir la cause islamique (à l'échelle régionale ou internationale) et de promouvoir l'unité et la solidarité des peuples musulmans.

1. **Les voies de l'unité.** — Après la décolonisation, le réflexe unitaire a joué presque partout à travers le monde musulman, à la fois au niveau religieux (en faveur de l'œcuménisme) et politique (pour la concertation et la coopération interislamiques).

A) *L'œcuménisme islamique* a d'abord été largement servi par l'idéologie réformiste moderne, depuis la fin du XIXe siècle (Inde, monde arabe, etc.). Dans la période de l'entre-deux-guerres, le débat sur le thème du califat (*supra*, p. 77 sq.) a certes mis en relief les contradictions des thèses panislamistes ;

mais il a été le révélateur de tendances œcuméniques. Celles-ci poseront la question de l'unité islamique au niveau de la foi (et non plus de la politique), et plaideront pour l'élimination des divisions indûment entretenues par les Ecoles, notamment en matière de formulation de la loi religieuse.

Tous les grands auteurs réformistes ont lancé des appels au dépassement des particularismes d'Ecoles. Pour Ibn Bādīs (m. 1940), « *ce qui est à l'échelle de tous les hommes et de tous les temps, c'est l'Islam — avec toutes ses écoles — et non pas une seule école ou un certain nombre d'écoles, quelles qu'elles soient* » (*Al-Chihâb*, novembre 1938, 130).

Cette tendance unificatrice aboutira au lendemain de la guerre (1949) à la fondation au Caire d'un *Office de Rapprochement entre les Ecoles* (du sunnisme et du chî'isme).

Dans le même temps (février 1949, à Karachi), une conférence interislamique tente de restaurer le *Congrès musulman mondial* (CMM), issu du Congrès panislamique de Jérusalem (1931), et qui avait cessé d'exister avec le partage de la Palestine (1947-1948). Cette restauration n'aura lieu qu'à la deuxième Conférence de Karachi (février 1951). Dès lors, cet organisme se donnera pour mission de « *populariser le concept idéologique d'une Communauté islamique mondiale* » et d'établir entre les membres de celle-ci « *des liens de bonne volonté, de compréhension et d'unité* ».

Depuis les années 70, *L'Organisation de la Conférence islamique* (OCI) tend à éclipser le CMM (dont elle sert les mêmes objectifs, mais avec des moyens plus efficaces, en tant qu'organisation intergouvernementale). En outre, le CMM se trouve en concurrence avec d'autres organisations interislamiques financées par certains Etats (Arabie Séoudite, Indonésie, Libye, etc.) et, comme telles, appelées à conjuguer cause islamique et idéologie nationale.

Bien que les activités panislamiques se développent autour de plusieurs pôles — du Maroc au Pakistan —, c'est La Mekke qui tend à devenir le centre par excellence de la concertation islamique. Le grand pèlerinage annuel est en effet l'occasion de rencontres informelles entre dirigeants musulmans, dans une ambiance propice à la sérénité ;

c'est aussi le lieu d'un intense brassage d'idées entre des millions d'hommes venus de tous les horizons du monde islamique. Grâce au pèlerinage à La Mekke, enfin, les représentants des minorités musulmanes les plus isolées (Moros des Philippines, Patanis de Thaïlande, Bosniaques, etc.) prennent conscience d'appartenir à une grande communauté qui se veut fraternelle et solidaire.

B) *La solidarité islamique* est l'un des objectifs prioritaires des Etats musulmans qui, au sortir de l'ère coloniale, avaient plus que jamais besoin de renforcer leurs liens de coopération. C'est ainsi qu'après l'incendie de la Mosquée *Al-Aqsā* de Jérusalem (21 août 1969), le premier Sommet islamique de Rabat (22-25 septembre 1969), malgré leurs divergences idéologiques, les pays musulmans ont cherché à définir une position commune à l'égard du sionisme. Dans la foulée du Sommet de Rabat, la *Conférence islamique des ministres des Affaires étrangères* deviendra l'organe institutionnel de la concertation et de la coopération entre Etats musulmans, sous le titre d'*Organisation de la Conférence islamique* (OCI) — siège : Jeddah (17).

Outre son action diplomatique proprement dite (missions de bons offices, etc.), l'OCI anime la coopération entre les pays musulmans au moyen d'organismes spécialisés. Citons-en : l'Organisation islamique pour l'Education, les Sciences et la Culture (ISESCO), l'Agence islamique d'Information (INA), le Fonds islamique de Solidarité (IFS), la Banque islamique de Développement (IDB).

Organe de liaison entre les membres d'un vaste ensemble géopolitique et culturel, l'OCI peut difficilement jouer un rôle unificateur à l'échelle du monde islamique. Du moins peut-elle

(17) La charte de l'OCI est adoptée en 1972 à la Conférence de Jeddah (29 février-4 mars).

maintenir le dialogue entre des peuples *frères* et néanmoins séparés par des barrières idéologiques et parfois injustement dressés les uns contre les autres par des régimes antagonistes.

2. **Les tentations du triomphalisme.** — L'image d'une *Umma* pacifique et fraternelle, en un mot authentiquement *islamique*, fait partie des douces illusions qui flattent la sensibilité musulmane. Mais que penser des échecs historiques du monde musulman depuis le début du siècle ? *Quid* de l'impuissance des Etats musulmans face aux conflits entre pays « frères » ? Que dire de l'injustice sociale ou des atteintes aux droits de l'homme qui sévissent dans certains pays qui se réclament volontiers de l'idéologie islamique ?

Devant ces dures réalités, de nombreuses voix musulmanes s'élèvent pour récuser l'optimisme excessif des uns ou le triomphalisme des autres. A cet égard, la littérature missionnaire est prompte à nourrir les illusions qui bercent l'imaginaire collectif dans le monde musulman. Tant il est facile de mettre en vedette certaines conversions (18) ou de majorer les progrès de l'Islam à travers le monde, au point de pouvoir prophétiser : « *Le futur appartient à l'Islam — et à l'Islam seul* » (F. R. Ansari, *op. cit.*, I, p. XXXV).

Cette prise de conscience conduit à une plus juste appréciation des choses, notamment dans le domaine missionnaire, où l'on aurait de sérieuses raisons de penser que : *a)* l'avance numérique de l'Islam en Afrique, par exemple, correspondrait tout juste au pourcentage de croissance naturelle des populations dans ce continent ; *b)* en matière de statistiques, la fascination du *nombre* est souvent injustifiée, eu égard aux conditions de

(18) Par exemple en France : « Plus de deux cent mille selon l'*imam* de la mosquée de Paris », d'après Lisbeth Rocher et Fatima Cherqaoui, D'une foi l'autre. Les conversions à l'Islam en Occident, Paris, Seuil, 1986, p. 7.

vie des peuples concernés : démographie galopante, insuffisance des ressources, fatalité des catastrophes naturelles (exemple : le cyclone du 30 avril 1991 au Bangladesh : environ 200 000 morts et 10 millions de sans-abri). *c)* la *Daʿwa* consisterait surtout en déclarations (à l'occasion de nombreux et coûteux symposiums internationaux), plutôt qu'en services réels et en projets concrets visant à améliorer le sort des populations déshéritées d'Afrique et d'Asie. Dans certains pays à majorité musulmane, l'œuvre des missions chrétiennes en matière d'enseignement et de santé serait beaucoup plus significative que celle des missions islamiques dans ces mêmes domaines (19).

A la lumière de ces faits, des critiques n'hésitent pas à dénoncer : l'archaïsme du discours islamique contemporain et sa tendance démagogique ; le conformisme des ulémas officiels ; la perversion de l'idéologie islamique qui, au lieu d'affirmer sa vocation libératrice, est devenue argument de légitimation pour des dominations sociales et politiques ; la confiscation de l'Islam par des castes cléricales plus soucieuses de leurs intérêts que du *service du peuple* ; l'attachement des régimes politico-religieux aux impératifs d'ordre (légal et moral) plus qu'aux valeurs de justice sociale et de liberté, conformément au message originel de l'Islam.

Ces tendances critiques visent à fonder l'idéologie islamique contemporaine non sur un vague idéalisme qui réfère à un passé mythique, mais sur les réalités d'un monde devenu multipolaire, et dont le devenir passe nécessairement par l'interdépendance des nations et le dialogue des cultures. Un monde où par conséquent les peuples musulmans ne sauraient se donner pour ultime ambition de former un ensemble monolithique et fermé aux résonances extérieures.

(19) Tariq Qurayshi, Islamic Dawah : Myth and Reality, The Journal (MWL), janvier 1981, p. 43.

POSTFACE

La mise à jour de ce livre serait incomplète sans l'évocation de faits récents (1988-1994), qui sont d'une importance historique pour le monde musulman. C'est d'abord le premier Prix Nobel (littérature, 1988) décerné à un auteur musulman, l'Egyptien Naguib Mahfouz. Jamais, auparavant, les aréopages académiques et les médias internationaux n'avaient cru pouvoir distinguer, à travers l'immense aire culturelle de l'Islam, un penseur ou un écrivain dignes de figurer au palmarès universel. — 1989 : c'est l'année d'un bilan (qui serait à faire) : celui de l'Organisation de la Conférence islamique (1969-1989) : Est-elle en mesure de justifier sa raison d'être comme représentation de la Communauté islamique sur la scène internationale ? Vu son effacement durant la guerre du Golfe (2 août 1990 - 3 avril 1991) et devant le conflit serbo-bosniaque, on peut s'interroger sur la crédibilité de l'OCI comme référence morale et instance arbitrale. — C'est l'espérance d'un règlement pacifique de la question palestinienne, après le mémorable accord israélo-palestinien de Washington, le 13 septembre 1993. — C'est l'avènement du « Grand Maghreb », par la proclamation de l'*Union du Maghreb Arabe* (UMA), le 17 février 1989, à Marrakech. — Ce sont les premiers frémissements de liberté dans les Républiques musulmanes de l'ancien Empire soviétique, qui accèdent à l'indépendance en adhérant à la Communauté d'Etats indépendants (CEI), le 22 octobre 1993. Autant d'événements qui semblent s'inscrire dans une dynamique nouvelle, porteuse de progrès dans les domaines de la paix, de la liberté des peuples et des Droits de l'Homme.

Cette dynamique de paix et de progrès a surtout bénéficié aux nations européennes récemment affranchies du joug communiste. Si la chute du *Mur* de Berlin (9 novembre 1989) a sonné la débâcle de l'univers totalitaire en Europe, aucun événement d'égale portée symbolique n'a marqué l'histoire des peuples musulmans.

La participation d'Etats arabes et islamiques à la coalition internationale contre l'Irak (janvier-avril 1991) a profondément troublé le monde musulman. Pour de larges secteurs de l'opinion musulmane, la référence à la morale internationale et à la défense des Droits de l'Homme n'a été qu'un alibi pour maintenir l'hégémonie occidentale sur le monde arabe.

D'où la fièvre *islamiste* qui travaille les masses déshéritées, souvent laissées pour compte par leurs propres régimes, et qui dénient toute légitimité au *Nouvel Ordre international* invoqué par les Puissances du « Nord ». Tant que ce nouvel ordre s'apparente à une stratégie de domination, au lieu de refonder l'ensemble des rapports entre le Nord et le Sud, dans un esprit résolument novateur. Et sur la base d'une logique de solidarité dans la mise en œuvre de projets d'intérêt commun, tels que : l'amélioration du sort des populations immigrées, l'aide au développement économique et technologique, la promotion des valeurs démocratiques : toutes choses de nature à dynamiser les forces de progrès en pays d'Islam, et par là même à y résorber les facteurs d'obscurantisme et d'injustice.

BIBLIOGRAPHIE

Sur un sujet aussi vaste que le nôtre, les publications ne se comptent plus, en toutes langues. Le lecteur francophone n'a que l'embarras du choix, devant une série de livres d'actualité. La bibliographie suivante est nécessairement limitée. Les classiques de l'orientalisme y sont peu représentés, pour faire place à des œuvres abordant les problématiques nouvelles du monde islamique. On a cité des auteurs musulmans dont les œuvres, outre leur apport scientifique, peuvent avoir force de témoignage. Sans méconnaître l'importance des productions arabes dans ce domaine, on a dû s'en tenir aux études accessibles en français ou en anglais.

Généralités. Problématique du modernisme

Islam Today/L'Islam aujourd'hui, Publication de l'ISESCO (Rabat), trilingue : arabe-français-anglais.

Collectif, Encyclopédie de l'Islam/The Encyclopaedia of Islam, Leiden, Ed. E. J. Brill.

'Abdouh, Mohammad, Risālat al-Tawḥīd, Le Caire, 1897 ; trad. franç. par B. Michel et Moustapha Àbdel Razik, Exposé de la Religion musulmane, Paris, Geuthner, 1925.

Iqbal, Mohammad, The Reconstruction of Religious thought in Islam, Oxford Univ. Press, 1934 ; trad. franç. par Eva Meyerovitch, Reconstruire la Pensée religieuse de l'Islam, Paris, Maisonneuve, 1955.

Merad, Ali, art. « Iṣlāḥ » (Réforme, réformisme) dans l'Encyclopédie de l'Islam, t. IV, 1973, p. 146-170.

Djait, Hichem, La Personnalité et le Devenir arabo-islamique, Paris, Seuil, 1974.

Laroui, Abdallah, La Crise des intellectuels arabes, Paris, Maspero, 1974.

Arkoun, Mohammed, La Pensée arabe, coll. « Que sais-je ? », Paris, PUF, 1975.

Bhutto, Zulfikar Ali, Thoughts on some Aspects of Islam, Lahore, Ashraf, 1976.

Gardet, Louis, Les Hommes de l'Islam, Paris, Hachette, 1977.

Rahman, Fazlur, Islam, 1966 ; 2e éd., Univ. of Chicago Press, 1979.

Gellner, Ernest, et Vatin, Jean-Claude, Islam et politique au Maghreb, CRESM, Paris, Ed. du CNRS, 1981.

Shariati, Ali, Histoire et Destinée, Paris, Sindbad, 1982.

Boularès, Habib, L'Islam. La Peur et l'Espérance, Paris, J.-C. Lattès, 1983.

Mozaffari, Mehdi, Authority in Islam from Muhammad to Khomeini, New York, London, M. E. Sharoe, 1987.

Amin, Hussein, Le Livre du Musulman désemparé. Pour entrer dans le troisième millénaire, Paris, La Découverte, 1992.

Malek, Rédha, Tradition et révolution. L'enjeu de la modernité en Algérie et en Islam, Paris, Sindbad, 1993.

TABLE DES MATIÈRES

Imprimé en France
Imprimerie des Presses Universitaires de France
73, avenue Ronsard, 41100 Vendôme
Février 1995 — N° 41 271